米中百年戦争の地政学

国家大計としての日本防衛論

産経新聞客員論説委員
湯浅 博

ビジネス社

はじめに

「日米安保第5条」にホロ酔い日本

難しい条文の中身を知らなくとも、「日米安保第5条」という防衛用語は誰もが知っている。日頃、馴染《なじ》んだ呪文《じゅもん》のように、その言葉を聞いただけで、どこかホッとする不思議な念力がある。自らは外敵と戦わずとも、正義の十字軍が守ってくれるという心地よい響きだ。ひとたび、アメリカから呪文が唱えられると、日本人はすっかりホロ酔い気分なのである。だが、この世に、そんなうまい話があろうはずがない。

2020年11月、菅義偉《すがよしひで》首相とアメリカ大統領選で勝利したバイデン前副大統領の日米電話会談で、「アメリカ側から、尖閣《せんかく》諸島に日米安保条約第5条が適用されるとの発言があった」との速報が、NHKニュースのテロップで流れた。自民党の下村博文《しもむらはくぶん》政調会長による「大変ありがたい」との第一声は、多くの国民が共有する感覚なのではないか。

それはバイデン大統領の就任後初の日米高官による電話会談でも、国家安全保障担当のジェイク・サリバン大統領補佐官が翌年1月21日、国家安全保障局の北村滋《きたむらしげる》局長に「自由で開かれたインド太平洋」の実現で緊密に連携するほか、「尖閣諸島が日米安全保障条約第5条の適用対象だ」と表明したときもそうだ。アントニー・ブリンケン国務長官も1月26日の茂木敏充《もてぎとしみつ》外相との電話会談でこれに続いた。

ちなみに、尖閣諸島にこの第5条を適用すると最初に述べたアメリカ政府高官は、日本と親和性の高い共和党政権の高官ではない。バイデン民主党政権下で「インド太平洋調整官」という新ポストに就任したカート・キャンベル氏であった。彼がまだ、国防次官補代理時代の1996年11月28日付読売新聞夕刊の1面インタビューで、次のように述べていた。

「安全保障面での状況は明確だ。米国は日米安保条約第5条に基づいて日本に対して（有事の際の日本防衛を）強く誓約している。我々はこの誓約を順守する」

中国は最高実力者の鄧小平《とうしょうへい》が「解決を次世代にゆだねる」といいながら、1992年には尖閣諸島を含む広大な海域を自国の領海とする領海法を制定していた。中国には「日本配慮」などという美徳はなく、スキを見せれば尖閣海域に艦船をどんどん送り込んでくる。

そのキャンベル氏は、2012年に南シナ海のスカボロー礁でフィリピンと中国による領有権紛争が起きたときの国務次官補である。フィリピンは米比相互防衛条約に基づくアメリカの介入を求めたが、オバマ政権の曖昧《あいまい》な姿勢をみた中国に、素早く実効支配されてしまった。日本は別であると思いたいが、同盟関係に依存するだけであれば、みじめな結果が待っているという教訓である。

ただアメリカは2016年に、中国によるスカボロー礁埋め立てという最悪の事態だけは阻止している事実を付記しておく。中国がこの海域で埋め立てのための測量を開始した際に、在韓アメリカ軍基地からA10攻撃機6機を出撃させている。数回の空中給油によってフィリピンの基地に派遣し、6機はそこから中国測量船の真上を低空飛行させて威嚇《いかく》した。香田洋二《こうだようじ》元海上自衛隊自衛艦隊司令官によると、中国はこれに怖気《おじけ》づき、以降、一切の測量を中止したまま今日に至っているという。オバマ政権が実施した唯一の対中強硬策であった。

現在のバイデン大統領は当面の新型コロナウイルス対策や、中間層の所得引き上げ策など国内問題の対応に追われることになるところから、彼ら政権の外交・安全保障チームの役割が大きい。ブリンケン国務長官が強調しているように、中国との関係は「21世紀最大の地政学上の試練」であり、極めて厳しい対中外交を展開することを予感させていた。

❖

さて、その尖閣諸島周辺の領海で、中国公船による侵犯と居座りが常態化している。この事態に、アメリカの新しい大統領がどう考えるかが焦点になっていた。あちら中国海警局の艦船は、大型化して機関砲まで積んでいる。中国は2020年10月末の全国人民代表大会で国防法の改正案を発表し、自国の安全が危うくなるときだけでなく、経済的利益が脅かされる場合でも、「全国総動員または一部動員を行う」と好戦性をあらわにしていた。

中国はさらに、翌11月には海警局の権限を拡大する海警法を発表し、主権や管轄権が外国に侵害されたときには、相手が公船であっても武器使用などあらゆる措置を取らせることを宣言した。つまりは、日本が尖閣に上陸したり、建造物をつくったりすれば、主権を侵害したとして攻撃するとの威嚇《いかく》だ。彼らのいう法律戦、世論戦、心理戦の「三戦」を駆使した露骨な恐喝である。

この三戦に対しては、日本が「強行すれば痛い目にあう」と〝反三戦〟で応戦することこそが抑止につながる。しかし、中国に甘い日本の政治指導部は、軍事力をひけらかす相手にもっぱら、ご機嫌取りをするばかりであった。自民党の二階俊博《にかいとしひろ》幹事長はBSフジの番組で、中国が「隣国」であるという理由だけで、「仲良くしなければいかん」などと全体主義に対する危機感がまるでない。

二階幹事長の親中非米はきわめて危うい。力で周辺国を威嚇する全体主義国家と、自由、法の支配、人権、民主主義の価値を共有する自由主義国家の「どちらが敵か友か」は自明のことだ。日中友好人士が政権党のNO2の座に君臨しているのだから、中国も「扱いやすい」とほくそ笑んでいるに違いない。

菅義偉政権は今後、「第2海軍」と化した中国の海警に対する抑止力を強化しなければならない。尖閣海域は明らかに日本と中国の「警察力 vs. 警察力」というパワー・バランスが崩れ、「警察力 vs. 海軍力」という不均衡へと危機のステージが上がった。力がすべての強権国家を相手に対しては、一歩も引かない国家の意思と決意を示さなければ、付け込まれてしまうのは人間関係と同じだ。菅義偉首相とバイデン大統領の初電話会談で、アメリカ側発表が「中国、北朝鮮との地域安全保障問題を協議した」と述べているのに、日本政府はいつもながら「中国」という国名にすら触れない。

意見交換で中国への言及があったものの、「詳細は控える」と口を濁すばかりであった。確かに、バイデン大統領には以前から親中イメージがある。オバマ政権時代に副大統領として訪中し、習近平《しゅうきんぺい》国家主席と面談したほか、18カ月間に8回も会っていることを誇ったぐらいだから否定はできない。さらに、大統領選の間は、トランプ陣営による「ネガティブ戦術」が、その悪評を増長させていた。しかし、ワシントンを中心とした中国に対する空気は本書で詳しく述べるように、明らかに変わってきた。そのバイデン政権が、「同盟国と連携して中国と対峙《たいじ》する」といっているのに、菅政権の後ろ向きの態度が今度はアメリカをいら立たせている。

与野党ともに危機への反応が鈍いだけなのか、使命感の欠如なのか。アメリカ依存が染みついて、国民の大事はもっぱら人任せなのだ。旧知のアメリカ海兵隊OBは、「中国が尖閣諸島を奪っても、日本の政治家には尖閣を奪還するための決断はできないだろう」とため息交じりであった。

アメリカ軍庇護《ひご》下のこの70年余りの間に、日本人は自らの手で自らを守ろうとする自立心や自由への気概を喪失してしまったのか。自衛隊のプロ集団は、さすがに危急存亡の折に備え、国民の命と領土領海を守る強靭《きょうじん》な力と精神を日々磨いている。悲しいかな国民の代表たる政治家には、一部を除いて危機意識も使命感も感じられない。

彼らは、メディアのいう「アメリカによる防衛義務を定めた第5条」の決まり文句を鵜呑《うの》みにするが、本当にそうなのか。その日米安保第5条とは、日本の「施政権下」にある領域に武力攻撃があった場合で、かつ両国が「自国の平和及び安全を危うくするものであることを認め」と、2つの前提条件を付けている。従って中国は、公船を日本領海や接続水域に送り込んで、その「施政権下」の前提を崩しにかかる。

しかも日米安保第5条は、「自国の憲法上の規定及び手続に従って共通の危険に対処する」と、実に回りくどい表現を使っている。同じ「5条」でも、ヨーロッパを守るNATO（北大西洋条約機構）のそれは、「締約国に対する武力攻撃を全締約国に対する攻撃とみなす」と、即時反撃することを明快に誓っている。NATOの相互防衛条約と日米の安全保障条約との差は、驚くほど大きいことが分かるだろう。安全保障に通じている政治家なら、憲法を改正したうえで現行の条約をNATOのような相互条約に改正しなければ、安心して眠れないはずだ。

在日米軍のケビン・シュナイダー司令官は2020年7月29日に、尖閣諸島海域の中国公船による「前例のない侵入」の監視をアメリカ軍が支援することが可能、と踏み込んでいた。なんとも頼もしいかぎりである。日本の政治家は、これらアメリカ軍の「トモダチ作戦」のような善意に頼り切ってばかりであってはならない。条約は便宜《べんぎ》的な約束にすぎないからだ。

❖

いまから半世紀以上も前に、日本がこの手の「島国」根性から脱して、「海洋国家」に脱皮するよう求めた少壮学者がいた。雑誌論文で「イギリスは海洋国家であったが、日本は島国であった」との修辞法で警鐘を鳴らしていたのだ。海を活用するイギリスと、海を背に閉じこもる日本を対比し、わが国が海洋国家として自立するよう提言していたのである。

京都大学教授だった高坂正堯《こうさかまさたか》氏は『中央公論』1964年9月号に寄稿したこの論文「海洋国家日本の構想」で、日本が外に開いた部分がしぼんでしまうと、江戸期の鎖国となり、外に開いた部分が暴走して昭和初期の満州事変が起きたと考えた。そして戦後日本もまた、自立できない「島国」であり続けていると位置付けている。それは外交・防衛もアメリカに依存しながら、経済発展にのみ精力を傾注してきた代償であった。

実際に世界の目が1964年10月の東京オリンピックに注がれていたさなかに、共産圏のソ連ではフルシチョフ首相が解任され、中華人民共和国は初の核実験を強行した。特に、「中国の核実験の成功」の知らせは、華やかな東京オリンピックをかき消すような衝撃を世界に広げた。日本がようやく戦後復興を遂げて、世界の主要国に追いつこうとしていたさなかの衝撃波である。

それにより日本が否応もなく、核を持った大陸国家と対峙せざるを得なくなったのだ。にもかかわらず、日本人はアメリカの庇護《ひご》の下にある濃厚な依存心を克服することができなかった。日米安保条約の核心は、「アメリカは日本を守るが、日本はアメリカを守らない」という片務性にあり、いわば半国家的な甘えを引きずってきた。その象徴が、1970年代に三木武夫《みきたけお》首相が設定した「GNP（国民総生産）1％枠」という国際情勢を無視した防衛費枠であり、眼前の脅威には目をつむってしまった。

振り返れば、いまは亡き高坂氏の警告から半世紀以上が過ぎても、日本はアメリカの政権が代わるたびに「尖閣諸島に安保条約第5条が適用されるか否か」が最大の課題になるという不甲斐なさである。これを脱皮しようとした数少ない政治指導者が自民党の安倍晋三《あべしんぞう》前首相であった。ようやく政治的な閉じこもりから脱皮して、従来の空想的平和主義から日本が国際社会に寄与する積極的平和主義への転換を目指した。

安倍氏辞任を受けて誕生した菅義偉首相は、おおむね安倍路線を引き継いだものの、武漢ウイルス禍にまみれて、方向性が見えてこない。しかし、時代はそう悠長《ゆうちょう》に日本の自立を待ってはくれない。

❖

トランプ前政権は「アメリカ第一主義」を掲げ、同盟国を無視したまま単騎《たんき》で中国と貿易戦争を開始した。安倍前政権は沖縄県の尖閣諸島を奪おうとする中国に、曖昧《あいまい》な対中関与政策のオバマ政権より、力でねじ伏せようとするトランプ政権を頼もしく感じていた。現職官僚とおぼしき人物のアメリカ誌『アメリカン・インタレスト』への匿名論文（Y論文）が、「実行はお粗末でも正しい戦略は、着実に実行される曖昧《あいまい》な戦略に勝る」と、オバマ政権よりトランプ外交に軍配を上げていたのはもっともであった。

これに対し、バイデン新大統領は、オバマ政権に至るまでの対中「関与政策」を捨て去り、「戦略的抑止」に切り替えたようにみえる。政策タカ派で固めた外交・安全保障チームは、「少なくとも10年間は続く地政学的競争の中にある」（イーライ・ラトナー国防長官特別補佐官）として、中国に対する「有利な勢力均衡」を築こうとしている。

トランプ前政権の政策タカ派はパワー・ポリティクスに徹し、中国の共産主義イデオロギーを忌避《きひ》して一党独裁の「体制崩壊」を視野に入れていた。これに対し、バイデン政権の外交・安全保障チームは、すでに経済大国化してしまった中国とは、対中パワー・バランスをはかる「戦略的抑止」によって優位に立とうとする。まず、アメリカ国内で超党派の結束をはかり、さらに同盟国を糾合《きゅうごう》したうえで対中競争力の構築を目指すのだ。

バイデン政権と議会はインド太平洋地域での抑止力強化のために、2022年会計年度から6年間で273億ドル（2・9兆円）の予算を投じる算段である。予定通りなら、沖縄からフィリピンにのびる「第1列島線」に沿ってアメリカ軍の対中ミサイル網を構築する方向にある。

だが、バイデン政権内には、ジョン・ケリー担当大統領特使を中心とする気候変動問題を扱う外交の別動隊が、中国と協調するオバマ時代の再来を狙う動きもある。あのとき、オバマ政権が中国の協力を得て温室効果ガスの削減に向けた「パリ協定」を締結したその裏で、中国は尖閣諸島や南シナ海で着実に駒を進めていた。バイデン政権の別動隊は「気候変動こそが安全保障」などと考えるが、日本を含むアジア各国にとっては、中国の拡張主義こそが現実の脅威なのである。

アメリカの新政権はまだ、歩み始めたばかりだが、最悪の場合、大統領―担当特使の「頭は左」、外交・安全保障チームの「身体は右」という〝ねじれ政権〟に陥る可能性も頭にいれておかねばならない。菅義偉首相は日本を取り巻く安全保障環境が厳しくなっていく中で、複雑化する日米同盟をコントロールしつつ、独自の防衛力を固めるべきであろう。いまや巨大な全体主義国家が、アメリカと肩を並べる時代を迎えようとしている。米中の覇権争いは100年を駆け抜けており、今後の10年がもっとも過酷なスパート期に突入する。そうした流れの中で菅首相は、安倍前首相が描いた戦略的抑止ビジョンを、同盟国のアメリカとどこまで共有できるのか。

本書は巨大化する中国と対峙するアメリカがどう対処し、それを日本がどう支えるべきかを探っていく。執筆にあたっては、国家基本問題研究所の企画委員会、産経新聞の論説委員会での討議から大きな刺激を受けたことを付記したい。なお、編集に携わっていただいた畏友《いゆう》、宇都宮尚志氏には感謝の言葉しかない。

2021年3月

湯浅　博

中国のこれまでの歩み

屈辱の世紀	・1840年　アヘン戦争 ・1949年　毛沢東が中華人民共和国成立前の暫定国会で「中国人民は立ち上がった」演説を行う
孤立の時代	・1966〜1976年　文化大革命 ・1989年6月4日　天安門事件 ・1989年11月9日　ベルリンの壁崩壊
韜光養晦《とうこうようかい》	・1990年代　鄧小平が「内に力を隠して蓄える」（韜光養晦）とする外交方針を打ち出す ・2001年　9・11米中枢同時テロ ・2003年　WTOに加盟
「平和的台頭」	・2000年代　高まる中国脅威論に対して外交政策「平和的台頭」を打ち出す ・2010年　GDPで中国が日本を追い越し世界2位に
中国の夢	・2012年11月29日　第18回共産党大会で習近平が「中国の夢」と「2つの100年」目標に言及 ・2013年3月14日　習近平が全国人民代表大会で「一帯一路」構想を発表 ・2017年10月18日　第19回共産党大会で「中華民族が世界の諸民族の中に聳え立つ」と演説

中国の予測年表

2025年

- 中国の国防費が米国防費を追い抜く
- 原子力空母（国産空母3番艦）の配備を目指す
- 中国のハイテク強国への目標「Made in China 2025」戦略
- 中国の総人口が頭打ちとの予測——超老人大国の出現(高齢化率14・2%)

2027年

- 人民解放軍の建軍100年奮闘目標の実現

2028年

- 中国がGDPで米国を上回るとの予測（多数説は2030年前後の逆転）
- IMF（国際通貨基金）本部がワシントンから北京へ移転?

2029年

- 中国の総人口14.5億人でピーク

2030年

- 中国の人口が急減へ
- AI（人工知能）で世界をリードする
- 国産空母4隻保有するとの予想

2035年

- 社会主義現代化の実現——2つ目の100年中間目標

2036年

- 中国が超高齢社会に突入 (高齢化率21%)

2040年

- 中国のGDPが米国の3倍規模に

2049年

- 中華人民共和国創建100年——2つ目の100年奮闘目標
- 「社会主義現代化国家」を実現（21世紀中葉）

2050年

- 「一帯一路」沿いの国々が世界経済成長の80%？
- 中国総人口の3割以上が高齢者に——超高齢化社会の到来

2100年

- 米国の人口が4.5億人へ——再び米国が対中優位の可能性
- 中国の人口10億2100万人

第1章　アメリカは戻ってくるか
――バイデンの危うい挑戦

第2章

新たな連帯へ

――単独主義からの決別

第3章

牙をむく手負いの龍

――習近平が描く「中国の夢」

第4章 対決への道——舵を切ったトランプ

第5章

変化する世界秩序
――パクス・シニカの到来か

第6章

結束し封じ込めよ

――インド太平洋　覇権の争奪

第1章

アメリカは戻ってくるか

――バイデンの危うい挑戦

希望よりも癒し

時代はいやおうなく大変革のときを迎えていた。

戦後世界をリードしてきたアメリカは、未曽有の新型コロナウイルス禍と社会の政治的分断という2つの危機の中にある。1月20日の第46代アメリカ大統領の就任式は、それらを象徴する異例ずくめのものだった。その疲弊するアメリカを「凌駕《りょうが》する」と豪語する中国の独裁政権が、地政学的なライバルとして新政権を脅かしていることが、まもなく明らかになる。

就任式に臨んだジョー・バイデン新大統領は、2週間前に、「就任阻止」を叫ぶ群衆が乱入した連邦議会議事堂を背にしていた。目の前のナショナル・モールの広場には、就任演説に耳を傾ける聴衆の代わりに、コロナ禍で命を落としたアメリカ国民40万人を追悼する星条旗で埋め尽くされた。死者40万人といえば第2次大戦の犠牲者数をはるかに超えるとてつもない数だ。それから約1カ月で死者数が50万人を突破している。

バイデン氏が20分の演説に織り込んだのは、多くの人々に「馬鹿げた幻想」と揶揄《やゆ》されたアメリカの「団結」であり、「結束」であった。前年11月の勝利宣言の際にアメリカ国民を鼓舞した演説に比べると、内容が公平性に欠けていたことは否めない。それは希望よりも癒《いや》しであり、未来よりも目の前の「政治的過激主義の台頭や白人至上主義」の暴力を非難した。

その乱暴狼藉《ろうぜき》への糾弾は、トランプ支持派の数千人が連邦議会議事堂に乱入して死者5人を出した事件に結び付く。もっとも、前年夏にかけて人種差別や奴隷制に抗議して全米で荒れ狂った左翼運動の暴力を、民主党政権が見逃してきたとの印象はぬぐえない。従って、バイデン氏が「民主主義の復権」を強調すればするほど、トランプ氏に投票した7400万人の神経を逆なですることになる。

ワシントン設計者ランファンの嘆き

2週間前のあの日、真っ青な冬空に凛《りん》と構えるキャピトルヒル（アメリカ連邦議会）本館と大統領公邸のホワイトハウスは、その白さをいっそう際立たせて目にまぶしい。人工都市ワシントンを設計したフランス人技師、ランファンは、両者の間に距離をおき、議会議事堂を東向きに、ホワイトハウスを北向きにして、互いに背を向け合うよう配置した。

ランファンがアメリカ合衆国憲法を立法府と行政府の対立関係として解釈したからだ。両者が背を向けたその延長線上にワシントン記念塔がそびえ、統合のシンボルとしてその鋭い頂部を天に向けている。

そのランファンといえども、2021年1月6日にホワイトハウスの最高権力者によって群衆が煽動《せんどう》され、キャピトルヒルが暴力的占拠に至るとまで想定できなかった。

ホワイトハウス近くの抗議集会で現職のトランプ大統領が、「盗まれた選挙」というレトリックを駆使して「議事堂へ行こう」と群衆に呼び掛けた。ちょうど議事堂では上下両院合同会議で、バイデン氏が大統領選の選挙人投票で勝利したことを確定する民主主義のセレモニーが進んでいた。ところが、大統領に煽動された怒れる暴徒が警察官の阻止線を突破し、破壊した窓から議事堂内になだれ込んだ。

これには泉下のランファンも肝をつぶしたことだろう。言論戦、政治戦、法律戦の対決は考えられても、両者の緊張関係に暴力までは想定していない。首都ワシントンは、米英戦争のさなかの1814年にイギリス軍に焼き打ちにあって以来、集団暴力の攻撃にあったことがなかった。

しかし、現実にテレビ画像で目にしたのは、かつての東南アジアや中東の開発独裁国家で起きた暴動の現場を、海外特派員が伝えているかのような光景だった。30年にわたりインドネシアに君臨したスハルト政権が崩壊したときや、エジプトのムバラク政権が倒れたときのような現場である。

ジャカルタでは、スハルト一族とその取り巻きに対する国民の不満が極限に達していた。1998年の年初から退陣要求デモが拡大し、国会周辺がデモの波に埋まった。実力者の調整相が閣僚の辞表をとりまとめ、軍司令官が「もはや支え切れません」とスハルト大統領に引導を渡した。インドネシアの政権移譲は、軍が分裂せずに憲法体制の維持に努めたことにある。

笑いをかみ殺す一党独裁国家

今回、世界が目撃したのは、そうした途上国の開発独裁が崩壊していく過程ではない。戦後、民主主義世界を率いてきた超大国のアメリカが、その脆《もろ》さを見せた瞬間であり、自由と民主主義の殿堂が攻撃を受けた悲しい現場だ。だが同時に、それが生き残ったという安心感をもたらすことになる。

過去1年を振り返れば、アメリカ国内の政治的な分裂による暴力が増加していることが分かる。前年夏はポートランドやアトランタなどで、左派が警察に暴力的な抗議を行った。悪いことに主要メディアは、彼らの暴力的な行動に同情的であった。今回、議事堂で起きたことは、そうしたことへのトランプ支持派に渦巻いていた不満の爆発でもあった。

アメリカ連邦議会占拠事件に日本をはじめ自由主義の同盟国は大きな衝撃を受け、反対に中国の習近平《しゅうきんぺい》国家主席やロシアのプーチン大統領は、笑いをかみ殺していたに違いない。厄介なのは、民主主義の脆弱《ぜいじゃく》性に対して、中国が一党独裁体制の優位性を誇示しているさなかにあることだ。

アメリカの選挙システムが、現職大統領と何百万人もの支持者から攻撃を受けている隙《すき》に、中国はその政治的な空白を独裁統治の中華モデルで埋めようとしてきた。大筋合意した「EU（欧州連合）―中国投資協定」も、バイデン政権が発足する前の2020年の年末に駆け込み合意した。推進派のドイツが、その年末までが議長国であったからだ。

しかし、アメリカ史上で連邦議会「最悪の24時間」を救ったのは、インドネシアのように軍ではなく「憲法を支持し、擁護する」と誓約したペンス副大統領であった。それはアメリカ民主主義が持つギリギリの粘り強さを示すものだろう。

トランプ大統領は事前に両院合同会議の議長でもある腹心のペンス副大統領に、選挙人の投票結果を無効にするよう公然と圧力をかけていた。しかし、それまで大統領に従順に従っていた副大統領が合同会議の直前に、その要求を拒絶すると表明した。

ペンス氏は憲法を擁護する立場から「どの選挙人の票を数え、どれを数えるべきではないかを、一方的に決める権限を主張することはできない」と述べた。保守系の米紙『ウォール・ストリート・ジャーナル』は、ペンス氏がそれ以外の行動をとれば、「憲法上の危機を招いた」と評価した。

合衆国憲法の精神が救う

副大統領もまたアメリカ合衆国憲法が定める選挙によって正当に選ばれており、決して大統領の下僕ではないからだ。ペンス氏もそこは政治家だから、2024年の次期大統領選を見据えた行動かもしれない。今回の一件をもって、トランプ大統領の2024年の出馬は困難になり、ペンス氏は共和党の候補者指名争いに名乗りを上げる公算が大きくなった。

振り返れば、ペンス氏は2018年10月の対中政策演説で、トランプ大統領が主導した貿易戦争だけの米中対決から、安全保障から人権に至るまで中国の影響力の拡大阻止を宣言し、「米中新冷戦」の到来を印象付けた。著者が大統領自身ではなく「トランプ政権」を評価してきた理由の1つである。共和党の立て直しが図られれば、対中政策でもバイデン新体制への圧力になるだろう。

民主党のバイデン新大統領は、アメリカ国内の亀裂による「最弱の大統領」として、全体主義的な中国との戦略的競争に立ち向かうことになる。大統領選には勝利したものの、実際に、分断が深く刻まれた「理念の共和国」を再建するのは容易ではない。

戦後のアメリカは、1960年代に人種差別やベトナム戦争の抗議でも国家が大きく揺らいだ。幾多の暗殺事件があっても「アメリカに未来はあるか」と問いながら、アメリカ民主主義は驚異的な回復力と改革能力によって苦難を乗り越えてきた。

2021年1月6日が史上「悪夢の1日」になろうとも、先の大統領選挙では、史上空前の投票数を記録しているし、不正があったとして申し立てられた60件以上の訴えを退け、司法は機能した。ランファンからも、ひとまず安堵《あんど》の声が聞こえてきそうだ。

それにしても解せないのは、バイデン大統領が本当にアメリカの分断を緩和しようと思うなら、就任式後になぜそれを行動で示せなかったのか、という疑問である。

第1に、民主党によるトランプ前大統領に対する上院での弾劾裁判をやめ、追及のすべてを司法当局にゆだねるべきだった。議事堂内で暴徒から身を隠したときの民主党議員たちの恐怖が、許しがたい遺恨に転化したのかもしれない。弾劾という政治行為が、新たな憎しみを醸成することにならないか。

第2に、バイデン大統領が就任直後に署名した多くの大統領令も、しばし時間を置くべきではなかったか。署名したすべてがトランプ政権の政策を覆《くつがえ》すものではないが、当節は否定される側に激しい怒りが残ることになる。

居眠りバイデンが目覚めた

バイデン新政権の発足でバタバタしているうちに、冬の嵐は遠方より突然にやって来た。

バイデン大統領がその大統領就任式で、人々に「癒《いや》し」を語っているその日、中国人民解放軍はチベット側から国境を越えてインド北東部シッキム州の拠点を攻撃していた。前年6月と8月にも中印両軍は、実効支配線で衝突しており、それらをきっかけとしてインドは、アメリカを含む日米豪印戦略対話（クワッド）に積極的に参加するようになった。

中国軍によるインドへの攻撃は、桑の木を指さして別の槐《えんじゅ》をののしるように、中国の兵法書がいう「指桑罵槐《しそうばかい》」なのではないか。本当の怒りの対象とは違うものを攻撃して不満を表明する。この劇的なタイミングでの対インド攻撃は、アメリカへの挑戦でもあった。

その3日後に、今度は13機の中国軍機が台湾南部の防空識別圏に侵入した。これを受け、アメリカ国務省のネッド・プライス報道官が、「台湾に対する軍事、外交、経済的な圧力をやめよ」と警告している。だが、この発言に立ち向かうように、翌24日にもさらに15機を侵入させた。

中国共産党指導部は、一方で対米交渉を持ち掛けながら、他方でアメリカのパートナー国家に軍事行動をしかけてバイデン新政権を試したのだ。

バイデン政権はスタートから中国との戦略的競争の真っただ中にあることを実感させられたはずだ。この事態に、インド太平洋軍は原子力空母セオドア・ルーズベルトを軸とする空母打撃群を台湾南部に派遣した。

もっとも、新政権の外交・安全保障チームは、中国から何らかの反応、反撃があることを想定していたのかもしれない。バイデン政権はあの大統領就任式に、中国の反発を承知で台湾の駐米代表を公式に招待していたからだ。実質的な駐米大使である蕭美琴《しょうびきん》・駐米台北経済文化代表処代表が独立国家なみに招待されたのは、１９７９年にアメリカが中国と外交関係を結んだ後では初めてだった。

中国共産党指導部は4年前、大統領選を制した直後のトランプ次期大統領が台湾の蔡英文《さいえいぶん》総統からの祝福の電話に応じたことに仰天した。トランプ政権はこれを機に、高官を台北に送り、武器売却契約を結び、外交上の交流制限を解除した。今回の蕭《しょう》代表への招待は、バイデン新政権がその政策を引き継ぐという重要な外交シグナルだった。もはや、アメリカ政治が共和党政権から民主党政権に移行しても、米中対決の戦略的基調は変わらない。両雄は並び立たないのである。

あの「居眠りバイデン」が突如、目覚めたように、従来の民主党路線から劇的変化をもたらすための軌道に乗っている。バイデン外交チームはすでに、武器売却の継続を約束しているし、米中間の高官級の交渉については、同盟国との協議後に先送りすることを示唆していた。中国がこれを、交渉拒否と受け取っても不思議ではない。

さらに、アントニー・ブリンケン国務長官は、中国による新疆《しんきょう》ウイグル自治区のイスラム教徒を中心とした少数民族へのジェノサイド（大量虐殺）を行っているとする前任者のマイク・ポンペオ氏の見解に「同意する」と述べていた。もっとも、バイデン氏は大統領選中にウイグル弾圧を「ジェノサイド」と呼んで中国を非難してきており、ややオーバーに語る選挙中と違って国務省がこれを正式に認定したことになる。

米バード大学のウォルター・ラッセル・ミード教授は、発足まもない政権が「特定の大国に警告したものとしては前例がないほど攻撃的な対応である」と述べる。教授はむしろ、米中「大国間競争」の中で、バイデン政権が「首尾一貫した強硬姿勢を貫くのは容易なことではない」として、今後も変わることのない覚悟を求めている。

共産党創設100年を前に強気崩せず

中国の習近平国家主席もまた、アメリカに対して弱腰とみられることは、政治的ダメージにつながる。対外的にも、中国の世界的な威信に対するプロパガンダの効果を弱めてしまうだろう。しかも、2021年7月1日には「中国共産党創設100周年」が控えており、決して弱みを見せられない。なんとしても、武漢ウイルスを制圧後に経済成長に転じた最初の経済大国であることを喧伝《けんでん》し、個人の権威を高め、共産党の統制を強化し、国際社会への影響力を誇示しなければならない。

習主席はすでに1月の共産党中央学校での党幹部への演説で、「世界はこの1世紀の間に目に見えない大きな変化を遂げている」と持論を展開した。党創設100年にあたり「時間と状況」が中国に有利になったとして、「中国の時代」の到来を宣言している。この勢いで7月を迎え、その先にある2022年後半に5年に1度開催される「第20回中国共産党大会」で党内の政治ライバルを粉砕して、党総書記の任期切れを封印しなければならない。

そのためには、アメリカ民主主義の機能不全を蔑《さげす》み、中国が解き放った病原体を適切に制圧できない現実を笑う立場にいたいと思うはずだ。すでに、アメリカの「コロナ疲弊」は経済指標に表れており、中国が2020年のGDP（国内総生産）がプラス成長を達成したのに対し、アメリカはマイナスに落ち込み、中国共産党にとっては上々の成績であった。

習近平政権は、バイデン政権がアジアとヨーロッパの同盟とパートナー国を再活性化する前にクサビを打ち込み、対中包囲網をつくれない環境に持ち込む必要があった。2020年11月のアメリカ大統領選直後には、中国はアジア諸国中心の14カ国とのRCEP（地域包括的経済連携）に署名することに成功した。バイデン政権発足前12月末ぎりぎりで、自ら人権に関する譲歩を申し出て、EUとの投資協定をも大筋合意に持ち込んでいる。

さらに、トランプ政権が離脱した後に、アジア太平洋11カ国が締結したCPTPP（環太平洋経済連携協定）への参加に関心を示して、バイデン新政権を揺さぶっていた。

習近平主席が中国共産党創設100年、続く第20回中国共産党大会を前に、アメリカのバイデン新政権を試したくなる誘惑にかられる可能性もある。その場合のフラッシュ・ポイントは、主に3つだろう。

第1は、南シナ海のスカボロー礁（南沙諸島）で、過去にフィリピン艦船とにらみ合った末に追い出して実効支配しているが、アメリカ海軍がにらみを効かせているため埋め立ての測量すらできていない。2016年に測量を実施しようとしてアメリカ軍のA10攻撃機6機の出撃で中止に追い込まれたままだ。

第2は、台湾の海兵隊が駐留しているプラタス諸島（東沙諸島）だ。台湾が領有しているプラタス諸島は、中国の本島攻撃の前哨地として位置付けられ、中国からみると、ここへの攻撃は、アメリカ軍が支援に出てくるかの試金石になる。ここを簡単に奪取できれば、中国は台湾本島への攻撃に道を開くことになる。

そして第3が、わが尖閣諸島である。中国の海警局は、国際法を無視して海警法を改正して、敵の公船を攻撃できる根拠を手にした。日本の巡視船は、国連海洋法条約によって中国の公船に対する攻撃を想定していない。今後、巡視船は海上自衛隊との艦船や通信など互換性を高めて、中国の「第2の海軍」である海警に対する装備を固めなければならない。

こうした事態を避けるためにも、独自の防衛シミュレーションを実施するのはもちろん、日米豪印4カ国安保体制（クアッド）を拡充強化して、インド太平洋における「中国の脅威」認識を国際化すべきだろう。すでに、イギリスは最新鋭空母クイーン・エリザベスを、2021年内にアジア海域に派遣することになっており、同空母にアメリカ海兵隊の艦載機F35Bを乗せ、ドイツ海軍やフランス海軍と連携して、NATO軍として共同訓練しながらインド洋、南シナ海、東シナ海を北上して日本に寄港する。

これら多国間の軍事行動をどう常態化することができるか。菅義偉《すがよしひで》政権の持つ対中戦略の力量が問われる。

共通の敵こそがアメリカ結束のバネ

中国との困難な宿題を抱えたバイデン政権は、荒れた国内状況を改善し、アメリカが一体感を取り戻すことが「対外関与」の前提になることは避けられない。国内問題が困難な状況にあればあるほど、政治権力というものは判で押したように非難すべき対象を外に見出すことになる。

過去のアメリカが、分断されていた南北戦争（1861年〜65年）の時代に、再統合を可能にしたのは1898年の米西戦争であった。旧日本軍からの真珠湾攻撃（1941年）も含め、脅威としての敵国の存在がアメリカの結束を強くする。それが自由主義秩序の足元を脅かす全体主義の中国であることは、バイデン政権であっても変わらない。

アメリカ国民は武漢ウイルスの拡散とアメリカ先端技術の窃盗などで怒りが沸点に達しており、2020年夏の世論調査でアメリカ人の73%が「中国に否定的な印象がある」と回答しており、21年になると9割に達した。民主、共和両党が鋭く対立する連邦議会もまた、中国を「共通の敵」とみなすことが唯一のコンセンサスになった。

従って、復旦大学米国研究所の呉心伯《ごしんはく》所長は、その点について「バイデン政権のほうが戦術的には協力しやすいだろうが、戦略的にはトランプ政権とさほど大きな違いはない」と心得ている。事実、ブリンケン国務長官は指名承認を受ける上院公聴会で、アメリカにとって中国が最重要課題であることは「疑う余地がない」とし、「超党派の政策を構築する強力な基盤」があると明示した。中国との戦略的競争こそが、分裂するアメリカが結束する強力なバネなのだ。

ただ、インドの戦略家、ブラーマ・チェラニー氏は、肝心のバイデン大統領その人が、対中政策について「戦略的な明快さに欠けている」との懸念を指摘する。確かに、バイデン氏はかつて安倍晋三《あべしんぞう》首相が靖国神社を参拝した際に「不愉快だ」といい、中国や半島に気兼ねしてか在米大使館に「失望した」と言わせた張本人である。

2019年に大統領選のキャンペーンを開始した際にも、「中国が我々をやっつけてしまうって？　冗談だろ、中国人は悪人じゃない。中国人は我々と競っているわけではないのだから」と述べて、その戦略的な甘さが多くの人を唖然《あぜん》とさせた。もっともバイデン氏は、発言に対する否定的な反応が起きると、変わり身も早い。あっという間に前言を撤回し、中国の脅威を認めるに至った。

生粋の政治家であるバイデン氏は、とりわけ世論の声に敏感である。武漢ウイルスによって甚大な被害を受け、中国の野心を警戒するアメリカ社会がそれを許すはずがない。それはある意味で、バイデン氏が30年以上の上院議員としてのキャリアから、日本でいう「国対族議員」のように政治的な妥協ができる人物だからなおさらだ。従って、バイデン政権の外交・安全保障政策は、彼を支える政府高官チームの助言と政策立案の道筋が重要になる。

バイデン政権に外交タカ派あり

ブリンケン国務長官はじめ、ジェイク・サリバン大統領補佐官、カート・キャンベル・インド太平洋調整官、そしてロイド・オースティン国防長官らが、持てる戦略観からいかに大統領に進言して実行するかにかかってくる。これらの顔ぶれから見ると、対中戦略の攻撃的な基調は変わらない。

実は、トランプ前政権にも似たようなところがあって、政権としての功績は、中国の全体主義的な行動をあぶりだし、従来の「建設的関与」という善意の路線を「戦略的競争」へと大きく転換したことにある。「関与政策」とは、対ソ冷戦期の「封じ込め」戦略に代わって、中国の経済発展を認めて国際社会に取り込めば、国際規範や民主的な価値観を尊重するようになるとの前提に立つ。それはアメリカらしい善意であるが、中国はその寛容という甘さを巧みに利用するだけだった。

中国を「戦略的競争相手」と定義づけた２０１７年末の『国家安全保障戦略報告』は、軍出身のマクマスター大統領補佐官やポッティンジャー・アジア上級部長らが、中国を「国際秩序に挑戦する修正主義勢力」であると切り替えていた。翌年1月には、この考えをマティス国防長官が『国家防衛戦略報告』に織り込んだ。２０２０年7月には、ポンペオ国務長官がニクソン記念図書館での演説で、１９７２年のニクソン訪中以来の関与政策が失敗したことを内外に宣言していた。

さらにポンペオ外交は、「自由で開かれたインド太平洋」戦略を推進する日米豪印4カ国協議（クワッド）を開催し、新しい地域安全保障の枠組みを動かした。台湾との関係も、議会とのタイアップで現職閣僚、国務次官が台湾訪問を果たすなど、急速に接近させている。

ただトランプ大統領自身は、なぜか独裁者を好む傾向があり、習近平国家主席を「いい人間だ」と持ち上げ、北朝鮮の3代目である金正恩《キムジョンウン》総書記を「愛している」などと、およそ行動の予測がつかない。トランプ氏の中国に対する関心は「貿易赤字の削減」だけにしかなかったが、政権タカ派の進言を受け入れて対中強硬論を見事に定着させてきた。

「第5条適用」に初めて言及

問題はバイデン新政権が、そのまま対中「関与政策」をやめて、「競争政策」を明確に引き継ぐか否かであった。バイデン政権の外交チームの中で、早くから「これまでの関与政策が失敗した」と認めていたのは、インド太平洋調整官になったキャンベル氏だろう。

すでに指摘したように、キャンベル氏は1996年の新聞インタビューで、尖閣諸島が日米安保条約第5条に適用されることに初めて言及した人物である。5条適用の理由を次のように語っている。

「米国に日本の領土と施政権（の防衛）を支援することを求めている言葉は明確であり、72年の沖縄返還協定は、尖閣諸島が日本の施政の下に置かれることを具体的に明記している」

オバマ政権時代は「アジア回帰」「リバランス」といいながら、実際にはイラン核合意からリビア、シリアの紛争、さらにヨーロッパ移民危機などに追われていた。これをバイデン政権のNSC（国家安全保障会議）は、アジア部門の上級部長の数をトランプ時代のヨーロッパ部門の3倍に配して、オバマ時代に動かなかったアジア重視の体制を敷いた。それらのうえに、インド太平洋調整官としてキャンベル氏が統括する。

キャンベル氏は2018年4月の外交誌『フォーリン・アフェアーズ』に掲載された、バイデン副大統領時代の次席補佐官だったイーライ・ラトナー氏（現・国防長官特別補佐官）との共同論文「対中幻想に決別した新アプローチを——中国の変化に期待するのは止めよ」によって過去を反省し、これまで40年間の対中関与戦略の底流にある楽観論を捨て去っている。

キャンベル調整官はさらに、翌2019年にサリバン大統領補佐官との共同執筆により、同誌に「破局なき競争——アメリカは中国の挑戦に対処し、どう共存を図るか」を寄稿し、「対中関与政策の時代は終わりを迎えた」として、すでに競争戦略に置き換えられていると断じている。問題はそのコンセンサスのうえで考えるべきは、「次をどうするか」であることを強調していた。

その心は、もはやオバマ政権の対中政策に戻ることはあり得ないということである。さりとて、この政権の対中政策は「アメリカ第一主義」を掲げたトランプ政権の単なる延長ではなく、前政権が軽視した国際協調、とりわけ同盟国との協力を打ち出している。米ソ冷戦期の軍事競争がグローバルだったのに比べ、キャンベル氏の対中抑止戦略はインド太平洋に限定される。従って、米中衝突の危険地帯であるこの地域への戦略的投資を強調しているのである。

バイデン政権が一時、「自由で開かれたインド太平洋」戦略から、この「自由で開かれた」を「安全で繁栄する」に差し替えたために、中国に気兼ねして〝価値の希薄化〟をはかっているとの懸念が生じた。2020年大統領選後、バイデン氏が菅義偉首相はじめ、モリソン豪首相、モディ印首相、文在寅《ムンジェイン》韓国大統領らアジアの同盟国の指導者との電話会談で、この「安全と繁栄のインド太平洋」を強化したいと述べていた。

政権が代わると看板を変えるのは常であり、それが多国間協調の枠組みであるなら、再調整が図られることはありうる。外交誌『ディプロマッツ』の編集者セバスチャン・ストランジオ氏は2020年11月20日のウェブ版で、「バイデン政権が中国の野心を抑制する意図は変わらない。微調整したのはむしろ、ベトナムのような一党独裁政権やモディ印政権のような非自由主義的民主国家をも包含するための手立てであろう」と指摘している。

しかし、日本はじめアジア諸国からの懸念が出ると、バイデン大統領はじめサリバン補佐官らは、すぐに「自由で開かれたインド太平洋」へと軌道修正した。

せめぎ合う2つの秩序構想

安倍晋三前首相が提唱し、トランプ政権が本格化したインド太平洋の新しい安全保障の枠組みになる「クアッド」に対するバイデン新政権の取り組みが明確になるのは、1月29日のサリバン大統領補佐官の発言であった。ワシントンで開かれたアメリカ議会肝いりのシンクタンク、アメリカ平和研究所のオンライン会議で、補佐官はこう断言した。

「日米豪印のクワッドは、インド太平洋地域におけるアメリカの実質的な政策を構築する際の根本的な基盤だ。クワッドの構成とメカニズムを継承し、発展させたい」

これはトランプ政権の安全保障担当補佐官を務めたロバート・オブライエン氏が、中国に対抗するために「同盟国と協力できるのは素晴らしいことだ。特にクワッドはNATO（北大西洋条約機構）以降に構築されたもっとも重要な同盟関係になるだろう」との発言を受けていた。対中抑止に対してバイデン政権が、インド太平洋地域の自由主義秩序の回復に乗り出す意思を示していることが分かるだろう。

いずれにしても、キャンベル氏やラトナー氏ら民主党系の外交専門家らが抱くインド太平洋戦略は、米中が戦略的競争に突入しているとの認識は変わらない。特に連邦議会が2019年の国防権限法に基づいてCNAS（新アメリカ安全保障センター）に委託したインド太平洋の地政学的条件に関する報告書「中国の挑戦に立ち向かう――インド太平洋におけるアメリカの競争力再生」は、バイデン政権の戦略目的を暗示していて興味深い。報告書はCNASの19人が貢献しているが、そのまとめ役はバイデン氏に近いラトナーCNAS研究部長が率いてきた。

ラトナー氏らは明確に、米中が戦略的競争に突入しているとの立場から、「せめぎ合う2つの秩序構想」を描きだしており、自由主義秩序の維持がアメリカの利益である以上、超党派でコストを惜しまず取り組むことを訴えている。その点では、トランプ政権の対中政策と見分けがつかないほどだ。

「第1の秩序」は、アメリカが主導する世界で、主権と国家の独立尊重、自由で公正な貿易、国際法の順守、透明性と優れた統治で定義される「自由で開かれた」インド太平洋を目指す。この地域秩序の実現には、強力な同盟とパートナーシップが求められ、地域と国際機関へのアメリカの参加、そして民主主義と個人の自由の普及が含まれる。

これに対して「第2の秩序」は、閉鎖的で自由を否定する中国が中心の秩序で、これに与《くみ》すればアメリカの利益を損なう。中国主導の秩序は、人民解放軍が南シナ海、東シナ海を支配し、周辺諸国を恫喝《どうかつ》して利益誘導をはかり、自らに有利な貿易と投資のルールを設定する。中国のハイテク監視国家モデルを拡散しようとすることは、アメリカのパワーと影響力を減じることになる。

報告書はトランプ政権の2017年『国家安全保障戦略』と2018年『国家防衛戦略』がアジアの地域秩序をめぐる戦略的競争を特定したものの、ビジョンと政策実行との間に一貫性がなかったと述べ、同盟国強化の必要性を強調している。この地域は、中国との経済的な結びつきから、明示的な反中同盟への試みは失敗する。むしろ、アメリカの強い競争力と確固たる持続力が成功のカギを握ると次のように指摘している。

「インド太平洋におけるアメリカの競争力を更新するには、ある種の大胆な決定、持続的な注意、十分に機能する政府、そして超党派の協力によってのみ達成できる資源を投入し、コストに耐える意欲が必要」

ちなみに、中国専門家のラトナー氏は、ロイド・オースティン国防長官の特別補佐官に就任しているから方向性が明確で心強い。中央軍司令官だったオースティン長官は、対インド太平洋戦略に疎《うと》く、承認のための議会公聴会でもアジア地域の知識不足を感じさせていた。国防長官特別補佐官にラトナー氏を充てたことは、バイデン政権が国防戦略の重点を東にシフトしたいとの意思がくみ取れる。

米中の緊張と依存

問題は、バイデン大統領が重視する地球温暖化への取り組みに中国の協力が欠かせないとして、気候変動問題に関する大統領特使として中国に融和的な大物政治家、ジョン・ケリー元国務長官を起用したことである。

ケリー氏の周辺には、気候変動問題で中国の協力を得ることを狙《ねら》いに、他の問題で譲歩も可能との考えに傾斜しているスタッフが存在する。ケリー氏に対する懸念は、ブルッキングス研究所のトマス・ライト上席研究員が、外交誌『アトランティック』論文で、その辺りの事情を明らかにしている。ケリー氏は、気候変動問題は中国との協力なしにあり得ないと認識しており、インド太平洋での地政学的な対中競争などの問題は二次的な重要性を持つにすぎないと考えているという。

ブリンケン国務長官はオバマ政権下で、国務副長官を2年間務めており、直属の上司であったケリー氏の圧力に屈せずに、地政学的な競争では譲らないという立場を貫けるのか。しかも、

バイデン政権外交・安全保障チームの主な顔ぶれ

国家安全保障担当補佐官	ジェイク・サリバン
気候変動特使	ジョン・ケリー
インド太平洋調整官	カート・キャンベル
国務長官	アントニー・ブリンケン
国防長官	ロイド・オースティン
国土安全保障長官	アレハンドロ・マヨルカス
国家情報長官	アブリル・ヘインズ
国連大使	リンダ・トーマスグリーンフィールド

国家安全保障戦略の暫定指針のポイント（2021年3月3日）

中国は開かれた国際システムに対抗しうる唯一の競争相手だ	インド太平洋と欧州での米軍のプレゼンスを強固にする
中国の攻撃的かつ威圧的な振る舞いは、国際システムの中核をなすルールや価値観を弱体化させている	米国は早急に国際機関での指導的立場を取り戻す
NATOや日韓豪との同盟関係は米国にとって最も強力な戦略的資産だ	北朝鮮の核・ミサイルの脅威を減らすために外交努力を結集する

バイデン大統領の支持基盤である中西部の穀倉地帯の農家への利益誘導のために、穀物の対中輸出を拡大したいと考えるだろう。

すでにケリー氏は中国との気候変動問題の交渉で、貿易問題など他の課題で取引するつもりはないと批判をかわしている。ただ、バイデン大統領が署名した大統領令には、パリ協定に復帰するにあたり、「気候変動の危機を、外交政策と安全保障問題の最前線におく」との一文が入っていることに懸念が残るはずだ。

そうした懸念を払しょくするように、3月3日にホワイトハウスが明らかにした外交、安全保障の基本方針となる「国家安全保障戦略の暫定指針」は、バイデン政権が中国に対抗する決意を示したものとして歓迎できる。中国に関して「開かれた国際システムに対抗しうる唯一の競争相手だ」と明記し、日本などの同盟国との連携を強化する方針を示した。指針はさらに、世界のパワー分布が変わって「新たな脅威が生まれている」として、中国を「攻撃的かつ威圧的な振る舞いは、国際システムの中核をなすルールや価値観を弱体化させている」と語気を強めている。

これに関連してブリンケン国務長官が政策演説で、中国を「21世紀最大の地政学的な試練」とし、対中関係は「競争的であるべきだ。可能であれば協力的になるが、必要であれば敵対的にもなる」と語った。特に、ウイグル人に対する人権侵害や香港での抑圧を挙げて、「我々の価値観のために立ち上がる必要がある。そうでなければ、中国はさらに大手を振って行動するようになる」と手厳しく非難した。

アメリカがこうした地政学的な優位を手にしなければ、気候変動などグローバルな課題に対処などできないのは明らかだ。

その意味で、日本がアジアの海洋国家として、安倍晋三政権がインド太平洋戦略を描いたように、菅義偉政権がそれに弾みをつける大戦略を描かなければならないのである。

第2章

新たな連帯へ

——単独主義からの決別

米新政権は戦略的明確性に舵を切れ

2020年11月に大統領選挙が終わっても、アメリカは分裂的な選挙キャンペーンが尾を引いて社会の亀裂が深まり、国力が容赦なく削げ落ちていった。危機に際して結束するアメリカが本来の姿を失い、四分五裂に陥ることは自由世界の悲劇だ。アメリカ政治の空白は、西太平洋に「力の空白」を生じさせるとの誤解を敵対国に与えかねない。

その結果は、攻撃的な中国共産党をして、台湾への攻撃や沖縄県の尖閣諸島奪取への誘惑に抗しきれなくなることもある。すでに、中国軍機は中台の中間線を頻繁に突破して、数十年にわたり双方が尊重してきた境界線が無視されている。たとえ武力行使を伴わずとも、今どきの戦争は社会の分断工作はじめ、経済戦争、情報戦争はすでに始まっている。

そうした危険水域に至る要件について、ジョージ・ワシントン大学のマイク・モチヅキ准教授は、次の4つを挙げたことがある。

新興の地域覇権国が好戦的になるのは、

①自国の力を過大評価しがちになる
②既存の国際秩序に不満を抱く
③感情的な民族主義に傾斜する

④国家的な損得勘定の分析ができなくなる

習近平《しゅうきんぺい》国家主席が率いる中国共産党には、これらのすべてが当てはまるのではないか。

あのＣｏｖｉｄ-19という武漢ウイルスは、黙示録の終末論のように世界の人々を不安のどん底に叩き込んだ。いち早く底を打ったと自賛する中国は、残酷な強権によるウイルス封じ込めで、独裁統治システムの優位性を唱え始めた。もとより、アメリカ主導型の自由主義国際秩序に不満を持つ中国が、自国のパワーを過大評価し始めたのだ。

習近平国家主席は最近の式典で、「パンデミックは再び中国の特色ある社会主義体制の覇権を立証する」などと、大言壮語して詫《わ》びることを知らない。中国はパンデミックにうまく対処したという自負が拡散し、古いライバル超大国が衰退しているとの認識はアメリカン・パワーを過小評価する。

中国共産党が自らの優位性をあおった結果、中国の人々は武漢ウイルスの初期における隠蔽《いんぺい》を忘れ、ヨーロッパで再び猛威を振るい始めた武漢ウイルスのニュースに、どこか蔑《さげす》みの感情をかみ殺しているかのようだ。日米欧が軒並みマイナス成長にあえぐ中、プラス成長でその独裁統治への満足度を上げている。しかし、台湾や韓国などアジアの民主主義国家は、中国以上に武漢ウイルスの封じ込めに成功しており、「社会主義システムが成功のカギ」とする習近平政権のウソを見破らなければならない。

挙国一致の反中国共産党

世界は1年以上もの間、ワシントンの次の主を決める狂騒を見つめながら、「気まぐれトランプ」の死守か、「居眠りバイデン」の奪還なのか、と大方が気をもんできた。自由世界の指導者たちは、米中の大国間競争の時代にアメリカを軸に同盟の絆《きずな》が復活できるかを占っていた。強いアメリカと日米欧の連携こそが、力を信奉する全体主義の中国と、復讐主義のロシアを抑制できるとの信念からだ。

米中「新冷戦」下のアメリカ大統領選挙は、どちらが勝利しても容赦のない地政学的要請は変わらない。独裁統治を強める習近平政権は、チベットやウイグル、香港での弾圧、さらに武漢ウイルスの拡散の責任を語らず、逆に弱みを見せまいとしてその凶暴さを増すばかりであった。

共和党と民主党には、自由主義秩序を守るという超党派のコンセンサスがあり、その差は対中戦略というより戦術的な優先順位の違いにある。アメリカ世論の厳しい対中認識を底流に、大統領選挙を通じてトランプ大統領とバイデン前副大統領は、どちらが中国共産党にタフにあたるかを競い合うほどであった。

いまのアメリカは、もはや40年続けてきた曖昧《あいまい》な対中関与政策を放棄し、政府、議会、国民が「挙国一致」の反中外交に踏み込んでいる。その対中強硬姿勢を後押しするのが、中国とロシアを戦略的競争相手とした2018年の『国防戦略報告』であったことはすでに書いた。2国間の取引を優先したトランプ大統領は、戦略報告にある同盟国との協調による対中戦略を嫌ったが、同盟重視という面では、バイデン新政権に親和性が残されている。

戦略的抑止にシフトする

日本政府はこれまで、「対中関与」を強く打ち出したクリントン政権の楽観的な政策により、中国が自由民主主義国になるなどとは決して信じてはいなかった。次のブッシュ(子)政権は、2001年発表のQDR(4年に1度の国防見直し)で初めて中国の挑戦に言及し、「手ごわい軍事的競争相手の出現」に警戒感を示したが、アメリカ中枢同時テロ「9・11」によって大規模軍事力をアフガニスタンに投入せざるを得なくなった。

次のオバマ政権は、中国に「責任ある利害関係者」になるよう期待する関与政策に逆戻りさせてしまった。案の定、2016年7月、国際仲裁裁判所が南シナ海を独り占めにする中国の「9段線」論にクロ裁定を下すと、中国は「紙くず」と拒絶した。その1カ月後には尖閣諸島に300隻近い漁船を送り込んできたのだ。

日本はもちろん、アメリカに必要だったのは「関与」よりも、「備え」や「抑止」だったはずだ。その直後に、オバマ大統領は訪中したものの、中国の不埒《ふらち》な行為には一切言及しなかったから話にならない。スーザン・ライス大統領補佐官らの「中国を刺激しない」との対中配慮が、中国の悪辣《あくらつ》な行為を増長させていた。

そこで安倍晋三《あべしんぞう》首相は、ニューヨークに飛び、当時、共和党の大統領候補に決まったばかりのトランプ氏との異例の会談に臨んで対中政策を刷り込んだ。翌年2月には、日米同盟の強化によって北朝鮮への圧力を高め、インド太平洋戦略を構築することを宣言にまとめ、中国に対する警告のシグナルを送ったのである。

もっとも、アメリカが対中戦略を「関与政策」から「戦略的抑止」にシフトさせたのは、オバマ政権末期からだし、実行したのはトランプ個人ではなく政策タカ派の側近たちであることに留意すべきだろう。実は、当のバイデン氏も外交誌のエッセーで、「中国に対処するもっとも効果的な方法は、アメリカが同盟国とパートナー国との統合戦線を構築し、中国の悪辣な行動に立ち向かうことである」と評価していたのである。

キューバ危機以来の危険な台湾

バイデン新政権が膨張主義の中国を相手に頼りになるか否かは、全体主義者のやかましい軍《ぐん》靴《か》による行進を抑止できるかにかかっている。アメリカのインド太平洋における「核心」は、台湾問題である。保守派の著名な外交評論家、ジョージ・ウィル氏は、中国共産党の創設100年にあたる2021年に、台湾こそが1962年のキューバ危機以来のもっとも危険な瞬間をアメリカに提供することになると警告している。この観点からウィル氏はバイデン氏に対する懸念を表明していた。

バイデン氏が上院外交委員長時代の2001年に主張した台湾に対する「戦略的曖昧性」政策が、もはや武力行使をちらつかす習近平独裁体制には通用しないからだ。この政策は、アメリカが台湾に強大な軍事力をもって介入するかを明らかにせず、中国側の戦略判断を惑わすことをもって抑止力とするという狡猾《こうかつ》な戦術である。

当時のブッシュ（子）大統領は、台湾を守る義務があるかを聞かれて、「私たちは守る。中国はそれを理解しなければならない」と明快だった。ところが、バイデン氏は『ワシントン・ポスト』紙の寄稿文で、台湾関係法に基づき「十分な自己防衛能力」に必要な防衛兵器を提供することを確認したにとどまっていた。

しかし、中国のGDPは、バイデン外交委員長時代の2001年にはアメリカのGDPのわずか12・7％に過ぎなかったが、いまや70％に達している。冷戦時代のソ連でさえ、アメリカのGDPの60％を超えることはなかった。中国はやがて、2030年前後にはアメリカのGDPを追い越すと予想され、アメリカにとっての脅威度は、米ソ冷戦の比ではない。

戦略的曖昧性からの転換へ

すでに触れたように、バイデン氏自身も習近平政権の好戦性と地政学的な要請から、トランプ政権以上にタフな対中政策に切り替えている。とりわけ、香港やウイグル弾圧に対する怒りは強く、トランプ政権とは違って同盟国を巻き込んだ形で対中圧力をかけようとする。それは民主党系の外交イデオローグや閣僚候補の台湾問題に対する考え方からもうかがえる。

アメリカ外交の大御所的な存在である外交問題評議会のリチャード・ハース会長は2020年9月2日の外交誌『フォーリン・アフェアーズ』ウェブ版に、「台湾支援は曖昧《あいまい》なままにすべきではない」との論稿を掲載し、過去40年にわたる台湾政策の見直しを求めていた。

論文は従来の「戦略的曖昧性」政策が中国による台湾統一の企《くわだ》てをくじき、他方で台湾に独立宣言することを思いとどまらせることに役立ってきたが、「もはや、その時期は終わった」と明言した。習近平体制にはもはや曖昧性による抑止効果はなく、「いまや『戦略的明確性』を採用すべきときがきた。台湾に対するいかなる軍事力行使も、アメリカが即応することを明確にすべきだ」と政府に求めている。

その理由についてハース氏は、習近平政権が「中国の夢」を実現するために、早ければ2021年に、あらゆる可能性のある手段を行使するとの観測があり、「台湾が次の香港になる」

とのシナリオを無視すべきでないと警告している。その2021年は中国共産党100年という節目にあたる。

外交問題評議会の実態は民主党系シンクタンクであり、バイデン新政権に対する影響力は大きい。こうした考え方は、一時、国防長官候補と言われたミシェル・フロノイ元国防次官も、同じ外交誌『フォーリン・アフェアーズ』の論文で、中国が過去20年で人民解放軍が規模、能力、信頼性で進展を見せ、軍事技術ではアメリカと同等になっていると危機感を表明している。

アメリカはトランプ政権になって、同盟関係の軽視、TPP（環太平洋戦略的経済連携協定）からの離脱など国際機関からの撤退によって戦略的空白を生んだ。そこを中国につけ込まれて中国が戦略的な優位性を確保したという。フロノイ氏はこれまでの台湾に対する「戦略的曖昧性」の効用は認めてはいるが、アメリカ軍が「72時間以内に中国軍を壊滅できる能力があれば、中国指導部は海上封鎖または台湾侵攻を思いとどまると思われる」と分析していた。

結果的に、バイデン新政権の国防長官にフロノイ氏がはじかれたのは残念というしかない。バイデン氏と民主党の左派が「彼女のコンサルタント会社が軍需産業と近すぎる」との理由で、軍事タカ派のフロノイ氏を忌避《きひ》してしまった。オバマ政権時代にアフガニスタンへの増派を求めるフロノイ国防次官とバイデン副大統領が対立していたことが影響しているとの見方もある。

「全面的に戦争に備える」危険

一方、中国はこの間もアメリカ国内の分断で国力が疲弊していくプロセスを、息を殺して見つめていた。中国の計算によれば、アメリカの国債の規模はまもなく国内総生産を超えるほどに膨らんでいる。これは第2次世界大戦の資金調達のために、アメリカが債務を重ねていた以来の大きさだ。

アメリカは2008年のリーマン・ショックから始まった金融危機と、武漢ウイルスによるパンデミック禍という2つの危機で、経済を無理に押し上げようとして借金体質が深刻化し、国防費の下向き圧力が高まっていた。

中国共産党は漂流する米大統領選挙を尻目に、2020年10月29日に閉幕の第19期中央委員会第5回全体会議（五中全会）のコミュニケで、武漢ウイルス後の世界を「自分たちのものだ」と、言わんばかりの自信をのぞかせた。コミュニケは国際的な勢力均衡の大幅な調整が起ることを予見しつつ、「いま世界は、この100年間に見たことのない局面の大きな変化を経験している」と位置付けていた。

習主席の言う「100年に一度の局面の大きな変化」とは、2017年12月に各国駐在の中国大使が一堂に会した会議で、習氏が行った演説が最初で、常に「最悪の事態を想定」しておくことを指示している。共産党の戦略家たちは、自由主義秩序を意味するパクス・アメリカーナが「衰退する時」、そこにリスクが伴うことを意識している。

五中全会のコミュニケは、「新型コロナの負け組」であるアメリカの選挙システムを見下し、独裁的な統治システムの優位性に自信を深めていた。さらにコミュニケは「全面的に戦争に備える」との物騒な覚悟を求め、「国家主権、安全、発展の利益を防衛する戦略能力を高め、2027年に建軍100年奮闘目標の実現」と、新たな目標を掲げた。普通の国なら、まず「国民を守る」と誓約するところを、「発展の利益を防衛」として野望を邪魔する敵を壊滅するとの特異性を見せた。

日米豪印4カ国の枠組みの必然

日本はこれまで、中国の拡張主義的な危険性をアメリカに繰り返し警告してきた。冷戦後の日米同盟は、大陸に焦点を絞った対中同盟であるべきであり、再びオバマ以前の楽観的な関与政策に戻るべきではない。必要なのは、インド太平洋におけるアメリカの優位性とプレゼンスであって、アメリカは素早い政治空白の解消が必至なのだ。

国防総省が2020年9月に、アメリカ議会に送った『中国の軍事・安全保障動向』は、自由で開かれたインド太平洋を望む人々への過酷な警告に満ちていた。中国の海軍力がすでに

350隻を擁しており、アメリカ海軍の293隻を上回ったことを初めて認め、今後、アメリカが中国軍の異常な膨張に対処できなければ、「ルールに基づく国際秩序」の安全が脅かされると警告していた。

対中抑止のカギは、日米同盟を核とした日米豪印4カ国戦略対話（クアッド）を強化、拡大して中国包囲網を構築することである。これはバイデン氏の同盟政策に合致する。

クアッドについては第6章でも触れるが、これまでの経緯から見て、クアッドが強固な多国間の「インド太平洋同盟」に脱皮することができるかは、皮肉にも中国共産党が持つ膨張主義の攻撃性にかかっている。2020年11月に実施したインドの合同海軍演習「マラバール」が、史上初の4カ国軍事演習として実現したのも、中国軍との国境紛争がインドをその気にさせたからだ。他方、日本の菅義偉《すがよしひで》首相は初外遊によってASEAN（東南アジア諸国連合）との連携を強化しており、広く対中抑止のソフト・アライアンス（柔軟な同盟）への道を探っている。

安倍前首相の提唱

現在の「自由で開かれたインド太平洋」構想は、2016年に当時の安倍首相が打ち上げ、すぐにトランプ政権が対中抑止の地域戦略として採用している。やがて、パンデミック禍をもたらした中国が周辺国を脅迫する現状から、政権タカ派のポンペオ国務長官らは日米豪印のクアッドとして有志国との対中結束に舵を切った。

2020年10月6日に東京で開催の日米豪印外相会議は、この戦略対話を定例化することで合意し、4カ国以外にも「クアッド・プラス」としてさらに拡大する方針を確認したことは画期的であった。中国は当初、クアッドを侮《あなど》り、すぐに消える「海の泡」に過ぎないとみていた。ところが、中国共産党は度重なる領域侵犯と圧力外交により、かえって日米豪印の結束を促すという戦略的な失敗を犯した。

中国は、自らの拡張主義がクアッドの結束を引き起こしてしまったことに狼狽《ろうばい》したようだ。クアッド東京会議後の13日に、王毅《おうき》外相は訪問先のマレーシアで、このインド太平洋戦略について「米日印豪の4カ国によるインド太平洋版のNATO（北大西洋条約機構）を構築しようとの企てだ」と非難のトーンを上げた。ちょうど菅義偉首相のベトナム、インドネシア訪問を控えて、ASEANが日米豪印に取り込まれないようにクギを刺したつもりなのだろう。

東南アジアの国々が、一刻も早く手に入れたいと考えていたのが、武漢ウイルスに対するワクチンである。中国がこの絶好の機会を逃すはずがない。王毅外相はすかさずフィリピンに飛んで、「5万回分の寄付」を申し出たのをはじめ、カンボジア、インドネシア、マレーシア、タイ、それに香港へと中国製ワクチンを運び込んだ。

中国は東南アジアをはじめ、「健康シルクロード」と称して中華経済圏「一帯一路」の沿線国、さらにアフリカやブラジルにまで手を伸ばし、武漢ウイルスの発生源という汚名の払拭《ふっしょく》に躍起だった。ワクチンの大盤振る舞いの見返りに、受け入れ国に外交的圧力を強める狙《ねら》いがあることはもちろんである。

もっとも、中国製ワクチンの接種には、有効率が90％を超える米ファイザーやモデルナと違って、中国製薬大手シノバックは50・38％と低く、ADE（抗体依存性感染増強現象）というリスクにさらされる懸念がある。中国の医薬品大手が新たに独ビオンテックから購入し、モデルナと同じRNA型ワクチン開発にめどがついたとして、邪魔になった古い粗悪品を途上国に流しているとの疑惑が絶えない。

中国の最大の懸念は、文字通りクアッドが拡大してNATO並みに「締約国に対する武力攻撃を全締約国に対する攻撃とみなす」とする、ハード・アライアンス（強固な軍事同盟）に変貌《へんぼう》することである。よって日本は現行憲法を改正して、同盟の選択の幅を広げておくべきである。クアッドがNATO型の集団防衛体制になることへの批判に対して、菅首相がただちに否定したことは、彼自身の戦略観の欠如を示すものだ。

菅首相が安倍路線を継承するといっても、国家の存亡にかかわる情勢は刻々と変化するものであり、為政者は常に最悪の事態に備えて、対中抑止の防衛力確保と確かな同盟を築かなければならない。日本と中国は完全に正常な軌道に戻った形跡はないし、尖閣諸島周辺の領海を侵犯するような習近平国家主席を国賓で迎えるような情勢にもない。

沿岸国は傍観できない

かつてNATO軍が巨大なソ連軍と対峙《たいじ》できたのは、ソ連を恐れた国々が結束したからだ。インド太平洋にあっても、中国を恐れる国々に結束する余地が出てきた。ベトナムはもちろんのこと、インドネシアは中国公船の不当な侵入に関して国連事務総長に外交通牒《つうちょう》を送り、マレーシアも中国に対抗して大陸棚の外縁を拡張する主張を明確にしている。両国はじめASEANの沿岸国はクアッド・プラスの有資格国である。

アメリカによるソフト・アライアンス構築の取り組みに対しては、ヨーロッパが強い関心を示しており、フランスのようにインド太平洋担当大使まで置いた国もある。当面は緩やかな安全保障の枠組みを構築していくとしても、クアッドが従来の協議体から、新しい多国間のインド太平洋同盟に発展するかは、中国膨張主義の攻撃性とこれに対する4カ国の強い意思にかかっているだろう。

仮に中国が1930年代のヨーロッパの全体主義国家と同じなら、沿岸国は米中対立を傍観できないはずだ。第2次大戦初期にナチス・ドイツは、ベルギー、デンマーク、オランダが中立を宣言しても、これを無視して攻撃した。これら中立国が英仏と結束して戦う姿勢を示していれば、あそこまで無残に蹂躙《じゅうりん》されなかっただろう。インド太平洋の海洋国家はそうした教訓を学ぶべきだ。自由の同盟は決して中国共産党の軍門に下らない。

政権移行期の空白を狙う敵国

2020年11月の大統領選挙から、翌年1月の新政権発足後しばらくは、アメリカと自由世界の安全保障にとってもっとも脆弱《ぜいじゃく》なときを迎えていた。トランプ大統領が「投票に大規模な不正があった」として敗北を認めず、反《そ》りの合わなかったエスパー国防長官を解任し、国家安全保障に穴を開けてしまったからなおさらであった。政権移行期の空白が、悪意ある敵国に秩序破壊への機会を与えてしまうことは、数々の事件が物語っている。

イランの過激派がテヘランのアメリカ大使館を襲撃して大使館員らを人質に取った事件への対処は、カーター大統領からレーガン大統領への政権移行期に混乱を極めた。444日ぶりの人質解放は、レーガン政権発足当日の1981年1月20日だった。英スコットランドのロッカビー上空でリビア政府が関与して起こしたパンナム103便爆破事件も、1988年12月21日のレーガン政権からブッシュ政権への移行期の出来事だった。

ブッシュ、ゴア両候補が争った2000年の大統領選挙では、その後のフロリダ州での再集計と訴訟騒ぎが新政権の発足準備を混乱させた。これが主要ポストの任命の遅れにつながり、翌年9月11日のアメリカ中枢同時テロを防げなかったことに影響したと、後の調査報告書が述べている。

トランプ政権からバイデン政権への移行期においても、台湾海峡と東シナ海の尖閣諸島周辺への中国による軍事行動のリスクが高まっていた。すでに触れたように、中国はあの大統領就任式を嘲笑《ちょうしょう》するように、インド国境に軍を送り、その3日後と4日後に台湾の航空識別圏に10機以上の戦闘機を侵入させ、米台接近に対する不満をあらわにした。中国国防相は「台湾の独立は戦争を意味する」と、これまでにない強い表現で関係強化を進めるアメリカと台湾を牽制《けんせい》した。

覇権の主戦場は先端技術の争奪

この間、バイデン氏の「世界を率いる覚悟」が、トランプ氏の「アメリカ第一主義」からの転換を示すものであっても、それを成就させるにはいくつものハードルがある。70年ほど前のアメリカは、購買力平価換算で世界のGDPの半分を占めていたが、いまは7分の1にすぎない。

戦いの主戦場も大きく変わった。対ソ冷戦は「イデオロギーと核兵器の戦い」だったが、対中冷戦は半導体、AI（人工知能）、量子コンピューターなど「先端技術の争奪」になっている。

新しい技術の成功は、世界中のカネを流入させ国際社会に対する影響力を拡大させるのが常だ。19世紀に覇権を握ったイギリスも、20世紀の覇権国であるアメリカも、決め手は経済規模ではなく、世界をリードする技術力であった。いまや、GDPでアメリカを凌駕《りょうが》することに自信を持つ中国共産党は、「技術こそがパワー」と心得ている。国有企業に補助金をつぎ込み、先端技術を持つ外国企業を丸ごと買収し、それでも足りなければ産業スパイが盗み出す。それが習近平政権の掲げる「中国製造2025」計画の正体であり、「一帯一路」戦略に反映される。

ブリンケン国務長官は、世界をアメリカが主導しなければ「悪い出来事で空白が満たされる」と国際社会の崩壊を懸念する。

しかし、ニューヨーク市立大学のベイナート教授は、今後、アメリカが世界を率いて「主導」するのではなく、自由世界と「連帯」する時代になったことを意識すべきだという。すでにそれは、アメリカ人の意識にも表れていて、ギャラップの調査による世界におけるアメリカの役割についての質問に、「主導的な役割」よりも「主要な役割」を求める声が圧倒的多数であったという。

米シンクタンク「大西洋評議会」のジェイン上級研究員らは、バイデン氏が大統領就任後の早い段階で、史上初のクアッド首脳会議の立ち上げを誓約するよう求めていた。さらに、G7（先進7カ国）首脳会議にオーストラリア、韓国、インドを加え、主要民主主義10カ国連合

（D10）にするよう提唱した。
こうした「連帯論」や「D10構想」は、これまでのアメリカを車輪の軸として、放射状に日本、オーストラリア、韓国、フィリピンへと延ばす伝統的な「ハブ・アンド・スポーク方式」の2国間同盟から、「ウェブ（網）方式」の多国間同盟への転換を促すものだ。

バイデン大統領自身も、同盟国と外交課題を協議する「民主主義サミット」を提唱しており、新政権は同盟国に連帯と役割分担を求めることになる。「バイデン弱し」と見れば、習近平主席が台湾や尖閣諸島の奪取への誘惑に抗し切れなくなるからだ。

歴史改ざんで世界の役割拡大

アメリカ型民主主義に対する中国共産党の「新たな自信」と「敵対的な姿勢」は、習近平国家主席以前の及び腰とは明らかに違う。前政権を率いた胡錦涛《こきんとう》氏のような指導者は、シンガポール型の特殊な民主体制を潜在的なモデルとみなしていたこともあった。だが、強硬派が脇を固める習近平政権下で、かつ国力が格段に上がったいまは違う。

全体主義化した習近平政権は、アメリカの4倍という巨大人口を抱えているため、アメリカの半分程度にまで生産性を高めれば、それだけでGDPは2倍に膨れ上がることを知っている。するると、「銃口から生まれた」異形の国だから、中国の国防費も2倍の投資が可能になり、アメリカの対中脅威度はいやでも上がることになる。

これを裏付けるように、CEBR（イギリス経済経営研究センター）と日本経済研究センターは相次いで、武漢ウイルスの拡大後の経済予測をまとめ、中国の名目GDPが「2028年」にはアメリカを超えるとの見直しを発表した。従来、それぞれの研究機関が「2033年」「2036年」以降としていた予測をともに前倒ししている（2020年12月26日CEBR発表、同11日付日経新聞）。

こうした国力を背景に、習近平主席は2017年の第19回中国共産党大会の演説で、国際社会の「舞台中央に近づきつつある」と宣言していた。生活水準を大きく改善させ、武漢ウイルス危機でも、素早い封鎖によって「危機に強い中国」を印象付けた。自国から資本が流出したり、外国企業が撤退したりしないよう安全な「世界の工場」であるとのアピールだ。そしてアメリカが第2波、第3波でもたつく間に、中国は一党独裁体制の優位性を誇るプロパガンダ戦争に着手した。

オックスフォード大学のラナ・ミッター教授によると、中国の指導者は世界の役割拡大のために、過去をよりどころにする癖があるという。その結果、共産党指導部はいつものように歴史を書き換え、「中国が戦後秩序をつくってきた」との新たな物語を生み出している（『フォーリン・アフェアーズ』2020年11月12日）。

王毅外相は2020年のミュンヘン安全保障会議で、近年の決まり文句となっている「中国は1945年に国連憲章を最初に調印した国だ」と平然とウソを披瀝《ひれき》した。実際に国連創設に立ち会ったのは、いまは台湾にいる国民党政権のほうであったのは自明だ。

これが事実であるように見せかけるために、共産党の統治がその前からあるかのように、歴史の書き換えが欠かせなかった。それまでの共産党は、日本の侵略から中国を守ったのは、共産党だけだったという偽証から、1980年代以降は、「仇敵《きゅうてき》だった国民党とこれを支持した欧米諸国は、1937〜1945年の抗日戦争を勝利するための自分たちの重要なパートナーだった」と主張するようになったという。ミッター教授は、「国民党も欧米も抗日戦のパートナーとみなすことで、中国の基礎が1949年の共産主義革命だけでなく、第2次世界大戦そのものにもあると歴史解釈を見直した」と見透かしている。

付きまとうソ連型崩壊の可能性

習近平政権は、明らかな景気減速と国際的な反発の高まりを迎え撃つ覚悟であろう。対米関係では、有利な状況にある向こう5年から10年の間に、地政学的な利益を求める誘惑に駆られる可能性が強まってくる。

このほか軍事力以外にも、貿易黒字を出し続け、次世代通信の5GやAIなど戦略分野の技術優位に立っている。トランプ政権が「アメリカ第一主義」の内向き政策をとっている隙に、国際機関に中国官僚を送り込み、多国間の経済協定にクサビを打ち込んだ。その実力は、南シナ海からインド国境に至る係争地域で試されており、その軍事力と外交力で優っていることを証明してきた。

しかし、ジョンズ・ホプキンズ大学のハル・ブランズ教授らによると、中国が全面展開できる「チャンスの窓」は急速に閉じているのかもしれないと指摘する。

彼らによると、実は2007年以降、中国の経済成長率は半分以下に低下しており、生産性は10％低下している。一方で債務残高は8倍に膨れ上がり、2020年末までにGDPは伸び続けているとはいえブレーキがかかってきた。問題は今後30年間で、2億人もの労働人口を失い、逆に3億人の高齢者を抱え込むことになる。もはや、これらが逆転する見込みはほとんどないと指摘する（『フォーリン・アフェアーズ』2020年12月17日）。

たとえ、世界一の経済規模になっても、残念ながら先進国として人民が豊かになる前に、少子高齢化の波が押し寄せる。社会保障費の圧力が伴う老人超大国になってしまうのだ。経済成長の鈍化は社会不安を招きやすくなり、あの「中国共産党は経済成長の誓約を守り続けるはずだ」との人民の信頼が揺らいでしまう。それどころか、人々の不満のはけ口が共産党体制へと向きかねない。ブランズ教授らは、こうした欠陥を知る習近平主席は、これまでの複数回の演説で「ソ連型崩壊の可能性」を警告していると指摘する。

従って、中国共産党指導部は徐々に不利な国際環境に置かれる長期でみるより、今後5年から10年の間に米中間の地政学的な対立が鋭くなり、緊張は高まるとみている。しかも、パンデミック後の世界的な反中感情が、1989年の天安門事件以来、見られていなかった広がりをみせている。それは習近平主席の肝いりの「一帯一路」構想にも表れ、数十カ国がプロジェクトの参加を中断している。また10大経済大国のうち8カ国を含む16カ国が、5Gネットワークでファーウェイ製品の使用を禁止している。

従って、ブランズ教授らはバイデン新政権に対し、第1に台湾に対する攻撃を抑止して、半導体など5G関連の技術流出を阻止する。第2に同盟関係を強化する。第3に中国の力を選択的に劣化させる――ことなどの注文をつけている。

巨大市場でつなぎとめる

中国共産党はパンデミック後の反中感情の劇的な高まりの中で孤立感が極めて深い。主要国の反中感情は近年ますます強まり、この1年で最悪を記録した。ピュー・リサーチ・センターが2020年10月6日に、主要14カ国で行った調査によると、「中国に否定的な印象がある」と答えた人々の比率は、日本人がもっとも高くて86％、次いでスウェーデン人の85％、オーストラリア人の81%と続き、アメリカ人は73%、これまで親中的になっていたドイツ人でさえ71%に上った。これが2021年3月4日発表の調査では、なんとアメリカ国民の9割が中国をライバルか、敵だと回答している。バイデン政権が中国に対して強硬姿勢で臨むことに対する支持が広がっていることを示している。

さらに、オックスフォード・エコノミクスの試算では、アメリカによる経済のデカップリング（切り離し）が2040年までに中国経済を約8%も縮小させると見通している。ほかの主要国がこの流れに従うと、縮小の規模は17%にまで至るという。彼らがもっとも恐れるのは、国際市場の萎縮と世界企業の中国からの撤退、それに伴うサプライチェーンの断裂である。

バイデン大統領はトランプ政権の単独主義アプローチから決別し、中国に広範な圧力をかける民主主義連合の結成を目指している。サリバン大統領補佐官は政権発足から、なるべく早く「民主主義サミット」の開催を提唱していた。サリバン氏は、早くも「中国は他国との経済関係を通じて、常に脱出口を見つけてきた。脱出口をふさぐことで、初めて中国が貿易関係を悪用することを抑制できる」と警戒感を述べていた。

中国がこれに対抗するためには、バイデン新政権の機先を制してアメリカの同盟諸国にクサビを打ち込み、苦境を抜け出す「脱出口」を探すことである。アジアやヨーロッパとの貿易協定としての中身が野心的でなくともかまわない。同盟重視、多国間主義のバイデン新政権が本格的に始動する前、しかもトランプ大統領が「不正選挙」とごね続ける間に、経済協定をまとめることが優先されていた。

インド太平洋に目を向ければ、巨大経済圏のＲＣＥＰ（東アジア地域包括的経済連携）はＡＳＥＡＮ、日本、韓国、オーストラリア、ニュージーランドなど15カ国からなり、地域固めのためには最適な多国間協定になりうるだろう。このほか質の高いＴＰＰにも、アメリカの姿がないのは、中国にとっては幸いであったに違いない。

おそらく最大の成果が、中国がＥＵと昨年12月30日という年末ぎりぎりに大枠合意した投資協定交渉である。中国はこれまでＥＵからの人権改善要求を「内政干渉」とはねつけてきたが、２０２０年内の議長国がドイツであることも合意への後押しになった。ＥＵの対中輸出の半分はドイツであり、投資協定に前向きだったからだ。中国は年末になって姿勢を転じ、強制労働を禁じるＩＬＯ（国際労働機関）基本条約への批准努力を約束した。ＥＵは中国市場のアクセス確保を狙って歩み寄り、中国はアメリカ主導の「対中包囲網」の切り崩しを狙ったのだ。

産経新聞によると、香港中文大学グローバル・当代中国高等研究院の鄭永年《ていえいねん》院長は、中国紙・新京報が６日付に掲載した会見で、「バイデン氏は、他国と連携して中国に対抗すると公言しているが、２０２０年にはＲＣＥＰの署名に成功し、ＥＵとの投資協定交渉を終えた」と指摘した。「これは中国の巨大市場をＡＳＥＡＮとＥＵが捨てる気がないということを示しており、アメリカの対中抑止効果には限りがあるということだ」と指摘している。

確かに、ASEANを中心とした2020年11月の環太平洋の一連のオンライン首脳会議で、政権移行期にあるアメリカの影は薄く、逆に中国の存在感が際立った。トランプ大統領は東アジア首脳会議には欠席し、APEC（アジア太平洋経済協力会議）には出席したが、どこかうわの空で存在感がなかった。主要20カ国（G20）首脳会議は途中退席してゴルフ場へ向かってしまった。

習近平主席はその間隙《かんげき》を突くように、実態もないのに「法の支配」を掲げ、口先だけの「国際協調」を語り、東アジアの緩やかな連携を拡大した。他方、アメリカは大統領選による社会分断が尾を引いて精彩がなく、パンデミックの元凶として嫌われる中国に余裕さえ与えてしまう結果になった。

米紙『ウォール・ストリート・ジャーナル』は、RCEPの発足について、世界のGDPの約3分の1をカバーする包括的な貿易協定が成立しても、協定の内容が弱いことを理由に否定的な見方を伝えていた。しかし、米中覇権争いが激化する中で、「アメリカ抜きのアジアの枠組み」は、中国が狙うアメリカ排除の対東アジア戦略に合致する。

地政学的な側面からみると、RCEPの発足は、中国が地域覇権国への重要な足がかりを得たことになる。習近平主席が、アメリカのお株を奪って「多国間主義と自由貿易の勝利」などと凱歌《がいか》を上げ、対中包囲網と見なすTPPの後継であるCPTPPへの参加のポーズをつくり、アメリカをいたぶる強気の姿を見せつけた。

自由で開かれたインド太平洋がカギ

民主党のバイデン大統領は、大統領選には勝利したものの、分断が深く刻まれた「理念の共和国」をまとめていくのは容易ではない。いまのところ、バイデン外交チームは、大統領補佐官のサリバン氏が厳しい対中政策を打ち出し、気候変動対策担当のジョン・ケリー大統領特使が中国との包括的な合意を結ぼうと、硬軟両方から対応しようとしている。

しかし、バード大学のウォルター・ラッセル・ミード教授は、トランプ政権の高官たちは地政学的な成功がなければ、気候変動、人権にアメリカがどう考えても意味がないことを理解していたという。もしもアメリカが第2次世界大戦に負けていたら、フランクリン・ルーズベルト大統領の人権や国際機関についての考えは、歴史学的な興味の対象にしかならなかっただろう。ミード氏は「厳しい現実は、地政学が最優先だ」と強調している。

地政学的な争いでは、強力な同盟関係が重要になる。菅義偉首相は安倍晋三首相が2016年に打ち出した「自由で開かれたインド太平洋」戦略を掲げ、バイデン新政権とともに新しい多国間安全保障の枠組みづくりをリードすべきだろう。ただ、菅義偉首相は昨年秋、

ＡＳＥＡＮとの首脳会談後の会見で、「自由で開かれた」と言わずに「平和で繁栄したインド太平洋」と言い換えて波紋を呼んだ。

　バイデン大統領が言い方を変えたことに菅義偉首相が合わせた可能性もあるが、独裁国家もまた「平和と繁栄」を装うから、あくまで自由、民主主義、法の支配の価値観を貫くべきなのである。ただし、アメリカの対中戦略が機能するかどうかは、この「自由で開かれた」インド太平洋戦略として対処できるかにかかっている。この先5年から10年が、日米はじめとする自由世界の力量が問われる。

第3章

牙をむく手負いの龍

――習近平が描く「中国の夢」

習主席の3段階発展戦略

中国共産党にとって最大の命題は、ソ連共産党がたどった崩壊への道をいかに回避していくか――であった。彼らはソ連崩壊のときに見た朽ち行くイデオロギーの代わりに、ナショナリズムに訴えかけた。愛国主義をあおり、国家の敵をスケープゴートに緊張を高め、14億人近い人民を一体化させることであった。次に描くのは、未来に向けた「中華民族の夢」へと誘うことであろう。人々を豊かにするだけでは、やがて共産党の国内統治が難しくなるとの保身から出た知恵である。

習近平《しゅうきんぺい》国家主席の権力集中の布石は、2017年10月18日に開催された第19回中国共産党大会（5年に1度開催）で着実に打たれていた。習主席はその3時間20分超の大演説で、経済大国化を切り開いた鄧小平《とうしょうへい》路線から鮮やかに離脱し、アメリカを凌駕《りょうが》する「現代化強国」を築くことを宣言した。彼はそのためのステップを3つに分ける「3段階発展戦略」を描いてみせた。

習近平主席は1つ目の奮闘目標を中国共産党の創設100年に当たる2021年におき、2つ目の中間目標を2035年とし、そして中華人民共和国の建国から100年を駆け抜けて、2049年には世界に君臨するという「中国の夢」を掲げた。この演説で習近平主席が、「マルクス主義」という言葉を繰り返していることに注意しておく必要がある。民主化も儒教主義

中国の発展戦略
（共産党五中全会で新たに人民解放軍の奮闘目標が加わった）

2021年	▶中国共産党創設100年、小康社会を全面的に完成する ▶「一帯一路」実施段階へ
2027年	▶人民解放軍建軍100年の奮闘目標を実現する
2035年	▶社会主義現代化を実現する ▶GDPを先進国並みに ▶人民解放軍の現代化を実現する
2049年	▶「中国の夢」の実現 ▶「社会主義現代化国家」の実現 ▶中華人民共和国創設100年

も置き去りにして、イデオロギー的な強権主義に置き換えてしまった。

さらに習近平主席は、２０１８年３月の国会にあたる全国人民代表大会で、専制政治から独裁制へと歴史を逆走させた。彼はこの全人代で、自らの任期「２期10年」の上限を撤廃して「終身主席」を可能にした。彼が望むかぎり国家主席の座に居座り続け、毛沢東《もうたくとう》以来の絶大な権力をその手に握ったのである。

戦略的好機の到来

中国が「富国強軍」へ舵を切るきっかけとなったのは、２００１年９月11日にニューヨークの世界貿易センタービルに航空機2機が突っ込むなどしたアメリカ中枢への同時テロ攻撃である。この「9・11」によって国際環境は一夜にして変わった。それまで、ジョージ・ブッシュ（子）政権は中国を「戦略的競争相手」ととらえ、台湾防衛のためには「必要なことはなんでもやる」とまで公言していた。核拡散問題、人権問題をめぐる論争、スパイ行為への非難など、米中間には多くの対立点を抱えていた。

しかし、「9・11」以降、ブッシュ政権はアフガニスタンをはじめ中東の国際テロ組織「アルカーイダ」との「非対称戦争」に向かわざるを得なくなり、アメリカはアジア地域に手が回らなくなった。そして国力を疲弊させていく。

一方、中国ではそれまでの対米不安感から、一気に楽観主義があふれかえった。中国の戦略家は、アメリカが「テロとの戦い」と「核拡散の阻止」に手を取られるため「戦略的好機」ととらえたのだ。

当時の江沢民《こうたくみん》国家主席はこれに勇気づけられ、2002年11月の第16回共産党大会で、21世紀初めの2000年から2020年までが「戦略的好機」であると宣言した。

結果は、アメリカ軍が破綻《はたん》国家アフガニスタンに巣食った国際テロ組織を壊滅させ、その勢いを駆ってフセイン政権打倒のためにイラク攻撃に転じたことで、中国にとっては願ってもない展開になった。アメリカ軍がいなくなったアジア太平洋で、中国は安心して人民解放軍の軍拡に着手できることになったからだ。

ブッシュ政権を引き継いだオバマ政権も、アフガニスタン戦争とイラク戦争の後始末に追われた。トランプ政権とても北朝鮮による核・ミサイル開発を封じるため、元来が北のパトロンである中国に、対北圧力で依存せざるを得なかった。アメリカは誰が国際秩序を崩す挑戦者であるかを知りながら、当の中国に頼り切る皮肉に甘んじなければならなかった。

しかも、トランプ政権はＴＰＰ（環太平洋戦略的経済連携協定）から離脱したことで、東アジア諸国からの信頼性を損なっていた。アメリカ自らが中国に有利な環境を提供しているのだから、習近平氏の側近たちが、引き続き「戦略的好機」と考えて何の不思議もない。

この間に中国は、南シナ海に進出し、80％を手中に収めて「中国の海」にしようと狙う。その海洋面積は西ヨーロッパの全域に匹敵する。特に２０１３年以降の5年間で、南シナ海の7つの人工島などに12の軍事施設をつくった。そこには各24機の戦闘爆撃機を格納できる3つの基地が含まれる。北京はこれらの支配地域に中国の１９９２年領海法を適用して、多くの外国漁船や船舶を拿捕《だほ》したり、妨害したりしてきた。そして、２０１９年12月には国産空母の１番艦「山東」が就役した。

こうしてアジア太平洋地域にあっては、アメリカ主導の秩序「パクス・アメリカーナ」が遠ざかり、中国が支配する「パクス・シニカ」の時代を想像することが容易になった。

中国は戦後アメリカが構築した自由、民主主義、人権、法の支配という国際秩序に対して、「人類運命共同体」の名を借りて自らが主導する新たな秩序構築を目指すようになった。アメリカが武漢ウイルスの荒波にもまれ、国力を衰退させていることも重なり、2020年はまさに中国にとって「戦略的好機」となったのである。

一帯一路という地政学の復権

2013年、習主席が打ち出した中華経済圏構想「一帯一路」戦略は、地政学とは切っても切れない関係にある。米バード大学のウォルター・ラッセル・ミード教授が「国際政治に地政学が戻ってきた」と宣言したのは、2014年の米外交誌『フォーリン・アフェアーズ』の論文「地政学への回帰」であった。

習主席は2017年秋の中国共産党大会で、「一帯一路」を「人類の運命共同体」にまで格上げして、いわば地政学のゲームチェンジャーとして2049年に向けて推進することを表明した。

「一帯一路」は主に2本のルートで構成される。そのうちの「海のシルクロード」は、アメリカ海軍の歴史家、アルフレッド・セイヤー・マハンの海洋地政学を模範としている。マハンは1890年の論文『海上権力史論』で、海洋力は世界的な覇権の道具であると主張し、この地政学理論が中国の軍事戦略家の心をとらえていた。

地域覇権を狙う中国はまず、南シナ海で勢力範囲の拡大を試してきた。それが7つの人工島などを軍事拠点化して、南シナ海全域を「中国の海」にすることであった。

かつてのヨーロッパ帝国主義が、アヘンという道具を使って東方に砲艦外交を展開したように、中国は逆に、この南シナ海から西方へ海のシルクロードを延ばそうと動いた。拡張主義の中国が使うのは巨額債務という「21世紀の毒」だった。

インドの南にある島国スリランカは、2017年末に戦略的な要衝であるハンバントタ港を正式に中国に引き渡した。大英帝国が香港の新界地区を99年にわたって借り受けたのと同様に、中国がハンバントタ港の99年の賃貸借契約を結んだのだ。

スリランカは最終的に株式の70%を中国の国有企業に貸与させられ、リース料として11億2000万ドルが支払われるが、事実上の「召し上げ」であった。

インド政策研究センターのブラーマ・チェラニー教授によると、中国のローン貸付は「商業的な価値」よりも「戦略的な価値の高い土地」に着目しているという。ハンバントタ港はその典型で、中東とアジアを結ぶインド洋の要衝に位置している。初めに中国がインフラ建設の資金を最高6・3%の高利で貸し付け、返済できなくなると、当該国の港は中国が召し上げてしまう。チェラニー教授はこれを「債務の罠《わな》」と呼んだ。スリランカに対しては1世紀に及ぶ租借になるから、ハンバントタ港は半永久的に中国の思うままになる。そして中国はこれを習近平主席が進める「一帯一路」の1つに組み込んでしまったのだ。

あたかも共存共栄のイメージになるが、実態は借金のカタ（抵当）である。2017年5月に北京で開催された「一帯一路国際協力フォーラム」はその体裁を整える巨大な外交ショーとなり、130カ国以上が代表を送り29カ国の首脳が参加した。習近平国家主席は集まった代表を前に、「世紀のプロジェクト」を宣言した。

しかし、ドイツのガブリエル前外相は、「一帯一路」構想について「世界を中国の利益になるように形作るための包括的なシステムを構築する企《くわだ》てであり、単なる経済的問題ではない。中国は自由、民主主義、人権に基づかないシステムをつくろうとしている」と痛烈に批判した。

中国の浸食はヨーロッパの外縁でも進んだ。資金繰りに悩む地中海のギリシャから中国の国営企業「中国遠洋海運集団」が2016年、民営化したピレウス港の運営会社の株式の51％を2億8050万ユーロで取得。さらに2019年には施設拡充のために6億ユーロを投資することで合意した。値打ちのあるものにはいくらでも用立てるのが金貸しの定石である。冷戦時代のギリシャは、ソ連艦隊が黒海から地中海に抜ける出口にあたり、西側にとっては対ソ封じ込めの重要拠点であった。中国はその要衝のピレウス港を押さえ、「一帯一路」がヨーロッパに向かう「竜頭」の役割を担わせたのだ。

ほかにも、2015年には中国企業がオーストラリア北部の拠点ダーウィン港を、やはり99

年リースで手に入れている。近くにはオーストラリア軍の基地がありアメリカ海兵隊がローテーション配備している。

インド洋に浮かぶ小国モルディブもまた被害者となった。2008年に選出されたナシード大統領が辞任する2012年まで、ゆるやかに民主的に統治されてきたが、2013年の大統領選でヤミーン氏が実権を握るとナシード氏ら野党有力者を相次いで逮捕し、強権を振るうようになった。モルディブはインド大陸の南端に広がる小さな島嶼《とうしょ》国家である。南シナ海から中東方面に向かう船舶は必ずここを通過しなければならないため、地政学的にも中国にとっては食指を動かすのに十分な理由がある。中国はモルディブに多額の借款を供与し、港湾などの公共工事でがんじがらめにした。IMF（国際通貨基金）によると、この結果、モルディブの対外債務は2021年にはGDPの51・2％に達し、借金漬けになってしまう。

アメリカのティラーソン国務長官は「債務の罠《わな》」について、「チャイナ・モデルは中国経済を養うために貴重な資源を搾取し、その土地の法律や人権を無視する」と非難し、経済力を駆使して自らの勢力圏に引き込もうとすることの本質を突いた。ティラーソン長官は2017年にも、中国のインフラ投資を「略奪経済」だと批判した。

戦略投射の足掛かり

「陸のシルクロード」も、イギリスの政治家、ハルフォード・マッキンダー卿の『マッキンダーの地政学』(原題は『デモクラシーの理想と現実』)に依拠している。マッキンダーは1900年代初頭の地図でユーラシア内陸部をハートランドとし、「ハートランドを支配する者が世界島を支配し、世界島を支配する者が世界を支配する」として、ドイツとソ連の膨張を恐れた。

そのマッキンダー卿の地政学に注目したのが、皮肉なことに「右の全体主義」ナチス・ドイツであった。やがて、このハートランドを制する理論が、今度は「左の全体主義」中国の「一帯一路」と内陸ルートを支える支配的イデオロギーになっていく。

陸のシルクロードの玄関口は、新疆ウイグル自治区である。「一帯一路」はここから中央アジアを西に横断してイラン、さらにヨーロッパへ。もう1本は、パキスタンを南下してインド洋に至る。従って、中華帝国主義思考の習政権は決してウイグル人の反乱を許さないのだ。

海陸ともにシルクロードの終着点はヨーロッパである。そのヨーロッパは「一帯一路」戦略によって分断の危機に陥った。EU加盟国のうち、旧東側のハンガリー、チェコ、ポーランドなどを含む13カ国が「一帯一路」の覚書を締結。そして14カ国目の締結国となったのがG7(先進7カ国)のメンバー国であるイタリアだった。EUは中核国が切りくずされ、EUが中華経済圏に組み込まれていくことに危機感を強めることになった。

中国に深入りすると、やがてしっぺ返しを食らう――。そんな懸念が深まる矢先、ヨーロッパでイタリアが最初の新型コロナウイルス危機に見舞われたのは、偶然ではない。北イタリア・ミラノなどには不法移民も含めてかなりの中国人が進出しているが、それが文字通り「病巣」になっていく。

中国とイタリアの覚書に従って、中国の国有企業はトリエステ港に雨あられと投資し、ターミナルや鉄道網を整備した。イタリア北東部トリエステ港はヨーロッパの中心部にあり、ここを起点に中国のモノ、ヒト、そして影響力が放射状に延びて行った。ついでに新型コロナウイルスもここから拡散する。

この要衝、トリエステは地政学的な過去の記憶を呼び起こさせる場所であった。第2次大戦当時のイギリス首相チャーチルは1946年3月、米ミズーリ州フルトンで行った「鉄のカーテン」演説で、次の一節を盛り込んでおり、一躍、その名をとどろかせた。

「バルト海のシュテッティンからアドリア海のトリエステまで欧州大陸を横切って鉄のカーテンが降ろされた」

欧米の人々は、その名を聞いた途端に、自由主義と共産主義が分断された時代を思い出すのだ。チャーチル演説はソ連の拡張主義に警鐘を鳴らし、米ソ冷戦の始まりを告げた。その意味でトリエステ港への中国の投資は極めて象徴的といえた。「一帯一路」は文字通り「地政学のツール」と化し、EUを分断し、中国は戦略投射のための足掛かりを確保したのである。

一帯一路から撤退を迫られる

「一帯一路」を疾駆《しっく》する列車が脱輪するのも、それほど時間はかからないのかもしれない。

2020年12月12日付の英紙『フィナンシャル・タイムズ』(FT)は、「中国が世界から撤退する」との衝撃的な見出しで、中国の抱える海外貸付が多くの国で焦げ付いている事実を明らかにした。この経済圏構想は、投資家が二の足を踏む非効率なインフラであっても、習近平政権が「地政学のツール」として気前よく貸し付けてきたツケであろう。

これまでも、「一帯一路」ルート上の68カ国のうち27カ国は、S&Pなど国際格付け会社によってジャンク(ガラクタ)格付け、または投資不適格先と評価されていた。ただ、中国の狙《ねら》いが、すぐに経済的利益を稼ぎ出すことより、むしろ、「アメリカと大国間競争をするうえで必要」との地政学的な要請のうえに立っていた。

2017年の最初の9カ月間だけで、中国の国内金融機関は57カ国に計96億ドルを投資した。米シンクタンクのアメリカン・エンタープライズ研究所は「中国も大半は経済的利益をもたらさないと見ていた」と分析し、綱渡り状態であったことを明らかにしていた。

そうしたリスクに、先のFT紙の記事は、この世界最大の開発プログラムが、一転して債務危機になる可能性を指摘したのだ。

同紙はその根拠として、ボストン大学のデータから、中国開発銀行と中国輸出入銀行による貸し付けが、2016年の760億ドルをピークに、2019年にはわずか40億ドルに急減したことを明らかにしている。そのうえに、武漢ウイルスによるパンデミックが新興国を襲ったため、債務返済の再交渉が急増したという。

中国初の海外債務危機の懸念

「一帯一路」の壮大なレトリックと現実とのギャップについて、アメリカ戦略国際問題研究所のジョナサン・ヒルマン上級研究員は最新著の『皇帝の新しい道』で、欠陥のある開発モデルをまき散らす中国流の「インフラ投資ブームは終わった」と宣告し、次のように指摘している。

「中国が過酷な運命を回避できるか否かは、債務救済が必要な国々と債務を再交渉する対応力にかかっている。中国が債務国に十分な救済ができないか、その意思がない場合は、債務危機の中心にあることに気づくことになる」

中国が金融機関を通じて融資した資金は、アメリカが第2次大戦後のヨーロッパ再建に拠出した「マーシャル・プラン」の金額（インフレ調整後）の7倍にものぼる驚異的なものだ。しかし、習近平国家主席が「世紀のプロジェクト」と豪語した「一帯一路」も、2020年12月のデータでは、ついに中国初の海外債務危機に至る可能性が出てきた。

FT紙によると、2020年には少なくとも18カ国が、パンデミックの直撃を受けるなどして中国と再交渉し、9月末時点だけでも12カ国がなお中国と交渉中であった。ヒルマン氏は「リスクは一帯一路に沿って双方向に走っており、これらの被害は北京に回帰する可能性がある」とみている。

北京はこれまでのところ、利払いを延期し、返済のスケジュールの変更に柔軟に対応している模様だ。世界新秩序のプレーヤーをもくろむ中国が、万が一にも「世紀のプロジェクト」から撤退することになれば、「中国の夢」がしぼんで習政権の命取りになりかねない。

かつて、『大国の興亡』の著者で、イェール大学のポール・ケネディ教授は、世界を乗っ取ろうとむやみに拡大する「帝国主義の行き過ぎた野心」を警告したことがある。中国は栄光と奈落の狭間で、爆弾を抱えたまま厳しい綱渡りを迫られることになる。

止まらない戦略的拡大

中国が傲慢《ごうまん》にならずに大国としての品位が追いつけばよいが、中国共産党の戦略は、いまも歴代皇帝がやってきた領土拡張と少しも変わらない。

「相手が弱ければいじめ、強ければ遠慮する。何千年来の宮廷政治と同じで、ウソをつき、のらりくらりと身をかわす術にもたけている」。これは台湾の李登輝《りとうき》元総統が、東京外国語大学名誉教授の中嶋嶺雄《なかじまみねお》氏に語った言葉だ。周辺国の抵抗力が弱いとみるや、全体主義の騒々しい軍靴《ぐんか》で踏みつけて回る行動パターンは同じである（李登輝、中嶋嶺雄『アジアの知略』光文社）。

インドとの国境で流血事件を起こし、南シナ海や東シナ海で漁船を追い回す理不尽な攻撃も躊躇《ちゅうちょ》しない姿は、帝国主義的な影をリアルに映し出す。

とりわけ、いまの中国海軍は、習政権の数ある「夢」の中でもっとも重要な「海洋強国の夢」を実現する実力組織だ。

中国海軍の主要な任務はこれまで、本土を「沿岸防御」するだけの非力なものだった。しかし、帝国主義の時代を通じて侵略者は海からやってきたとの認識から海洋重視にシフトする。特に、アメリカ海軍を阻止する接近阻止／領域拒否（A2／AD）戦略として、日本列島から台湾、フィリピンにつながる第1列島線の内側を防ぐ「近海防御」へ移行し、さらに外側の第2列島線で阻止する「遠海護衛」を追求する海軍につくり変えようとしている。

その中国海軍は将来的にどのくらいの規模の空母、水上艦、潜水艦を保有することになるのか。

①世界最大の地上部隊

②米国を保有艦艇で50隻以上を上回る海軍
③世界最大の沿岸警備隊
④インド太平洋で最大の空軍
⑤世界最大の戦略ミサイル部隊
⑥世界最大規模の地対空ミサイル部隊

以上、①から⑥まで中国優位を示す軍事パワーを実現させ、一党独裁の巨大権力がアメリカをしのぐこれだけの力を持つと、周辺国は巨大な圧力にさらされる。アメリカ海軍大学教授のアンドリュー・エリクソン氏によると、ここに挙げたすべてが将来の中国ではなく、もはや達成されてしまった現実だというのだ。

それはアメリカ国防総省が2020年9月1日、議会に送った年次報告書『中国の軍事・安全保障動向』で明らかにされ、自由で開かれたインド太平洋を望む人々への過酷な警告に満ちていた。アメリカの危機感は、例年の2倍近い173ページに上る分析からも明らかで、過去20年間の人民解放軍の劇的な軍拡を検証し、中国の戦略と野心を炙《あぶ》り出している。

国防総省は、地域覇権の決め手となる中国の海軍がすでに約350隻の艦艇を擁し、アメリカ海軍の293隻を上回ったことを報告書で認めた。今後、中国軍の異常な膨張に対処できなければ、「ルールに基づく国際秩序」の安全が脅かされると警告している。

驚くべきはその建艦スピードである。中国海軍が外洋に進出してきたのは1997年2月、駆逐艦「珠海」などがアメリカ西海岸を経てペルー、チリからオーストラリアを親善訪問したときだ。それから23年で、なんとアメリカ海軍を凌駕《りょうが》する大海軍に成長していた。

海軍力の比較には、保有する艦艇数よりも総トン数がものをいうとの指摘がある。確かに、原子力空母や強襲揚陸艦の性能をみても明らかにアメリカが圧倒している。しかし、中国艦隊が初めて遠洋航海に出たあの1997年に、ワシントンで「ハワイまで来られるかどうか」などといっていた侮《あなど》りが、あっけなく覆されたことを教訓にすべきだろう。

問題は今後の造船能力にある。アメリカ海軍のもっとも新しい巡洋艦が就航したのは、なんと26年も前の1990年代のことであり、それ以降、新造船は就航していない。トランプ大統領が号令をかけた「355隻体制」を実現するには、2050年までかかるとの観測があるほどだ。

その造船能力からみて中国が、大型空母や揚陸艦などを含め総トン数でもアメリカを凌駕《りょうが》するのは時間の問題といえる。従って、報告書は、中国の「戦術的後退」に攪乱《かくらん》されることなく、インド太平洋の同盟国や友好国に戦略的脅威への備えを力説しているのだ。

その国防総省が2020年12月に、海軍艦艇を現在より100隻以上増やして、2045年に403隻とする計画を発表したから、安全保障関係者を驚かせた。しかも、これとは別に、無人艦艇も143隻配備するという。もちろん、急拡大する中国に対抗する狙いだが、実際に予算が確保できるかは疑問が残る。行政管理予算局はこの計画を達成するためには、今後5年間で建造予算が1670億ドルという巨額な規模になると見積もっていた。

この計画を、バイデン新政権がどこまで認めるかは不透明だ。国防費の増額を語っていたミシェル・フロノイ元国防次官の国防長官就任が見送られ、黒人のロイド・オースティン元中央軍司令官が指名されて一気に怪《あや》しくなってきた。

指名発表時にバイデン氏からは「中国」も「インド太平洋」の対中抑止にかかわる言葉が一言も出なかったからだ。しかも、オースティン将軍は有能な司令官であっても、主に中東での勤務経験の長い陸軍出身である。就任と同時に建艦計画が大幅に見直される可能性が強い。

しかも厄介なのは、中国が武漢ウイルスのダメージから素早く抜け出し、手間取るアメリカを尻目に経済を立て直しつつあることだ。

軍事力は総合火力がモノをいう。そのためには経済力で基礎体力をつけなければ、軍事力という腕力は強化できない。

OECD（経済協力開発機構）によると、主要国のうち中国だけが2020年、1・8%のプラス成長が見込まれ、逆にアメリカは3・7%のマイナス成長になるとみられていた。中国は2019年の6・1%からは大幅ダウンするものの、2021年の見通しは8・0%で、このまま推移すると米中の経済規模は確実にその差が縮まる。もっとも、国際機関の見通しに比べると、習政権は2021年の成長目標を「6％以上」と慎重である。

ブルッキングス研究所のホミ・カラス上級研究員は、コロナ禍以前の予想を前倒しして、中国が2028年にはGDPでアメリカと肩を並べると予測する。日本経済研究センターもまた、中国が2028年にもGDPでアメリカを超えるとの予測を2020年12月10日に発表した。武漢ウイルスの感染拡大による影響から回復スピードの違いで、早くても2036年以降とみていた中国の逆転時期を前倒しした。

同センターは武漢ウイルスの影響について、足元の経済のみに打撃を与える「標準シナリオ」では29年に逆転し、経済に加えてグローバル化や都市化を加味した「深刻化シナリオ」では、アメリカの下振れ圧力が大きく28年に前倒しされる。

「富国強軍」がスローガンの中国は、まさにGDPで基礎体力をつけ、それに応じた腕力はもはや筋骨隆々なのだ。

2025年までに台湾を統一

自国経済の右肩上がりを信じてやまない「直線病」は、中国指導部や軍部に過剰な自信と大いなる傲慢《ごうまん》さを抱かせることになった。「中国の夢」の実現を目指す習近平指導部にとって、人民解放軍は欠くことのできない中軸をなしている。毛沢東が「政権は銃口から生まれる」と述べたように、軍は共産党を支える存在であり、習主席の言う海洋強国や宇宙強国を目指すのも、そして先行き不透明な「一帯一路」の実現も、軍とは切っても切れない関係にある。

習近平政権はその拡大路線に沿って、軍改革に2016年から手をつけ、陸軍を中心に2017年末までに30万人を削減し、海軍を逆に15％の増強を図っている。IISS（イギリス国際問題戦略研究所）は、中国の国防費は2025年にはアメリカの国防費を追い抜くと早くから予測していた。

実はこの2025年という年に象徴される不穏な情報がアメリカから流れてきた。2017年10月に中国の軍事研究では定評のあるアメリカのシンクタンク「プロジェクト2049研究所」のイアン・イーストン研究員によって、習近平指導部が準備を進める「台湾侵攻計画」が暴かれたのだ。イーストン氏は著書『中国侵略の脅威』で、人民解放軍の内部教材などから「中国が2020年までに台湾侵攻の準備を終える」と指摘した。

では、台湾侵攻の準備を終えた中国軍に、習近平指導部から実際にゴーサインが出されるのはいつなのか。イーストン氏は早ければそこから3年後に「中台戦争が勃発《ぼっぱつ》する」と示唆している。これによると中国軍はまず定石通り大規模なミサイル攻撃の後、台湾海峡を封鎖して40万人規模の解放軍兵士を台湾に上陸させる。台北、高雄などの都市を制圧し、救援のアメリカ軍が駆けつける前に降伏させるというシナリオを描いている。

それを裏書きするような発言が、2017年の第19回共産党大会終了後に北京で開催されたシンポジウムで飛び出していた。産経新聞が同年11月18日付1面企画「紅い統一工作」で明らかにした内容によると、習近平演説にあった「3つの歴史的任務の達成」の中に挙げられたうちの1つ「祖国統一の完成」が、台湾を中国の地図に加えることに他ならないとして、政府系シンクタンクの軍所属研究員が習近平発言に注目していたという。その研究者によると、習指導部が密かに計画していた2050年までに領土奪還の予定表では台湾統一が2020〜2025年で、尖閣諸島への侵攻は2040〜2045年を想定している。

習近平国家主席は強引な憲法改正で「終身主席」の座を勝ち取り、人々に「中華民族の夢」を語る以上、核心的利益の第一に挙げる台湾の吸収は避けられないと考える。それを知るトランプ政権は、アメリカ艦船の台湾への寄港をはじめ、武器輸出にも積極的になっていた。アメリカ議会もまた、武器の供給によりアジア太平洋地域の抑止力を高めるための「国防権限法」や政府高官の台湾訪問を認める「台湾旅行法」を通過させて中国を牽制している。米中間に相互不信がある以上、2021年から2035年にかけて、台湾海峡から目が離せない状況が続くことになる。

人類運命共同体を謳う

世界を地政学の大きなチェス盤に見立てると、米中間の関税争いの盛衰は派手な割に小さな一手にすぎないのかもしれない。貿易戦争の本質は、先端技術を含む地政学的な覇権争いが背景にあり、これを「米中新冷戦」と呼ぶ識者が増えた。トランプ政権が中国の国際ルール無視の振る舞いに、乱暴ではあるが対抗措置に踏み切ることは避けられなかったのだ。

とりわけ、ビジネス世界で生きてきたトランプ大統領にとっては、1980年代の対日貿易赤字が鮮明に脳裏に刻まれていた。自らを「タリフマン」と称するほど、貿易赤字に対して関税引き上げで対抗することは自明のことであった。

太平洋を挟んだ米中貿易戦争は、2018年7月6日正午（北京時間）すぎに始まった。ワシントンは事前の布告通りに中国製品に対する制裁関税を発動させた。理由としては、中国による国際ルール無視の知的財産権侵害など重商主義的な悪弊を挙げていた。

周知の通り、中国の対外政策はどこまでも自己中心的だ。中華経済圏構想の「一帯一路」は、途上国のインフラ整備に高利で貸し付け、返済不能になると「99年租借」として事実上、港湾などを巻き上げる手法などがとられた。さらに、習近平政権の産業政策「中国製造2025」計画は、国産化率の引き上げを狙って、米欧日の先端技術企業をM&Aによって合法的に獲得する。あるいは他国の技術を強制的に移転し、入手困難なものは盗んで知的財産権の侵害も辞さない。

自由主義諸国が注意すべきは、この産業政策が「軍民融合戦略」として習近平主席の2015年3月の軍代表団全体会議における演説で、国家戦略に引き上げられたことである。これにより、「中国製造2025」は単なる製造強国を目指すだけでなく、海洋強国や宇宙強国として軍備拡張路線に直結してくることになった。

こうなると、経済ナショナリズムは暴走して、互いに引くに引けなくなる。トランプ政権の追加関税は、WTO（世界貿易機関）に違反するから、中国の国際ルール違反をアメリカがルール違反で正すことに正当性がなくなる。トランプ政権は初めから、同盟国と協力して中国の悪弊を封じ込めるという手法は念頭になかった。むしろ、ヨーロッパの同盟国ですら自国の利に走っている以上、中国のルール違反に対しては、力でねじ伏せるしかないとの考えである。

日米中三角関係の中で、中国は日本を日米同盟の「従属変数」と考えていよう。アメリカといさかいを起こすと、日本に対しては穏健路線に舵を切って日米紐帯《ちゅうたい》を引き離しにかかる。米中貿易戦争の中にある中国の対日接近は、その経験則におおむね合致する。

それを裏付けるのは、習近平主席が2018年6月下旬の中央外事工作会議で行った演説で、「周辺国への外交工作を巧みに行い、中国に有利なものにする」と指示していたことに表れていた。アメリカとは貿易戦争が収まらず、右肩上がりだったヨーロッパとの関係も急落している。だから、李克強《りこくきょう》首相の同年5月の訪日は、米欧で「略奪的」と批判された「一帯一路」構想へと日本を誘うトップセールスであった。過去に歴史認識などで、あれだけ日本をあしざまに言ってきた中国は、自己の都合でいかようにも様変わりする。

実は、この中央外事工作会議でもっとも重要だったのは、習近平主席が演説の中で、中国が今後、「グローバル秩序の構築」に主導的役割を果たす方針を明確に打ち出したことであった。この中央外事工作会議というのは、外交政策に関するもっとも重要な共産党指導部の会議で、それまでも2006年と2014年の2回しか開催されたことがない。それがいかに重要会議であるかは、共産党政治局常務委員7人全員と王岐山《おうきざん》副主席ら参加者の顔ぶれをみても明らかだった。

この席で習近平主席は、目指すべき外交方針として復古的な「社会主義外交思想」を掲げ、「グローバルな統治の刷新を主導」してネットワークの構築を宣言している。特に注目したいのは、習近平主席がこののち何度も使う「人類運命共同体」という政治コピーであった。習近平主席は「中華民族の復興と人類発展を軸に、人類運命共同体の構築を推進」を謳《うた》い、そのために「一帯一路」構想とＡＩＩＢ（アジアインフラ投資銀行）の推進を図るとしている。

演説は、自由、民主主義、人権尊重という自由主義秩序に代わる中国主導の国際秩序をつくり上げるという宣言である。中国が持ち出す「人類運命共同体」は、2017年1月の『人民日報』が「中華文明に根差した外交理念」と解説しており、中国を頂点とする「華夷秩序」を連想させるものであった。

『一九八四年』の世界

では、中国の支配する社会はどのようなものなのか。

ドイツの政治学者セバスチャン・ハイルマン氏はデジタル技術による監視社会や、それを支える思想を「デジタル・レーニン主義」と表現した。ロシア革命の指導者レーニンが建国した旧ソ連の全体主義の再来に警鐘を鳴らしたものだ。

イギリスの作家ジョージ・オーウェルは、小説『一九八四年』で監視社会の恐怖を描いた。中国は小説と同じ一党独裁の全体主義国家であり、街中にカメラを張り巡らせて、国家の監視を強めている。最高権力者は小説の独裁者「ビッグ・ブラザー」のような習主席である。

習主席は2017年の第19回共産党大会で権力基盤を固め、「新時代入り」を宣言した。その党大会で行った政治報告で、外資系の民間企業にも、共産党組織を社内に設置させ、党の意向を経営に反映させるように求めたという。中国のビッグ・ブラザーは、外資系企業内の〝党細胞〟をもって、「大衆動員の強固な砦《とりで》」を築くと述べた。中国の会社法19条では、内・外資を問わずに企業は組織の活動に必要な条件を提供することになっている。

まるで『一九八四年』の中に出てくる標語「ビッグ・ブラザーがあなたを見守っている」という警告のようだ。小説の舞台となる全体主義国「オセアニア」は、核戦争後の混乱に乗じた革命で誕生した少数独裁制の国家である。イデオロギー「イングソック」に基づき、国民は社会主義の名のもとに自由を奪われ、格差・不平等を当然のものとする世界だ。国民はすべて党の監視下に置かれ、街中に仕掛けられた集音マイクによって、反政府的な言動を一切封じられる（ジョージ・オーウェル『一九八四年』ハヤカワ文庫）。

このオセアニア国のような仕打ちに対し、在中国ドイツ商工会議所が、ただちに「中国市場からの撤退や戦略転換を図る企業が出てくる恐れがある」と反応した。

ドイツはこれまで、自動車や生産機械の輸出先として中国巨大市場の恩恵を受けてきたヨーロッパ1の親中国だ。そのドイツでさえ、近年は中国企業によるドイツ企業の買収が相次ぎ、先端技術の流出が懸念されてきた。まして、在中国の会社内に共産党細胞がはびこれば、経営そのものが脅かされ、技術が即時流出してしまう。

いまどき、党細胞など、外資の経営判断に対する露骨な介入である。ドイツ商工会議所の声明は、「第三者からの干渉を受けない経営が、イノベーションや成長の強固な基礎だ」と中国当局に反論した。商工会議所が「撤退」まで示しながらの抗議は、自由市場の世界では考えられないことだ。

「ビッグ・ブラザー習」が党大会で示した野望の中には、中国を世界の中心とする中華文明の伝統的な考え方がある。この数世紀の西洋の台頭は、中国が一時的な遅れをとっていただけにすぎず、もはやその時代は終わりを告げたと彼らは考えている。従って中国国内で活動する外資といえども、華夷秩序の中に包含しようとする。

習主席が党大会の演説で、中華民族は「世界の諸民族の中に聳《そび》え立つ」と述べたのは地域覇権の枠を超え、世界に君臨するとの宣言である。あくまでも中国を中心とした序列的な外交関係であり、中国の優位に近隣国が敬意を払うよう要求する。「ビッグ・ブラザー習」は覇権と優位をテコに近隣国を跪《ひざまず》かせ、華夷秩序の中で〝朝貢国〟にしようとする、誠に厄介な独裁大国なのだ。

試される中国型全体主義

中国型の全体主義モデルが21世紀の世界に有効か否か――。それが試されたのが新型コロナウイルスとの闘いだと言えよう。恐ろしい感染症の汚染源を封じ込め、拡散を制御し、国際社会に結束を求める技と度量が問われた。

「感染症は悪魔であり、我々は悪魔が隠れるのを許さない」

習近平主席が2020年1月28日に北京でWHO（世界保健機関）のテドロス事務局長に語った決意のくだりまでは、多くの人々が同意したに違いない。続いて習氏が、自国を発生源にしてしまった大国の指導者として、国際社会に謝罪したうえで、協力を呼び掛けるものと思われた。

なぜなら、WHO事務局長は世界を代表して出向いており、中国から経済援助を受けるエチオピアの元外相としてではないからだ。ところが、習氏の言葉はそれを裏切るものだった。「WHOと国際社会の客観的で公正、冷静、理性的な評価を信じる」と力説して、WHOに緊急事態宣言を出さないよう促すものでしかなかった。

被援助国出身のテドロス氏は、中国政府が「迅速で効果的な措置をとったことに敬服する」などと、援助大国にへつらっていた。WHOを率いる人物であるのなら、武漢の現場をつぶさに視察すべきだが、習政権のプロパガンダに一役買っただけだった。

中国が優先すべきは大国のメンツではなく、パンデミック（爆発的な流行）を抑止するための指導力を発揮することであった。だが、米国のクレアモント・マッケナ大学のミンシン・ペイ教授は「コロナウイルス事件とは中国型独裁の病気である」と見抜いていた。

習政権にウイルスの早期封じ込めができないのは「一党独裁国家の存続が、秘密、メディアの弾圧、市民的自由の制約にかかっているからだ。中国共産党の権威を維持する必要から、かえって中国と世界の安全を損なう」と、全体主義の宿痾《しゅくあ》を指摘した。

新型コロナウイルスに最初に見舞われた湖北省武漢市は、進出企業が立地する人口1100万人の大都市である。ちょうど春節（旧正月）の旅行シーズンとぶつかり、感染症が世界へと拡散するリスクが中国指導部の頭になかったことのほうが信じがたい。すでにウイルスは、旅行用スーツケースに同伴して3つの大陸へと移動し、見えない脅威を振りまいた。

前年12月8日に最初の症例が報告されても、共産党特有の「隠蔽《いんぺい》習慣」から地元の武漢市保健委員会は、公式通知を握りつぶした。以来、武漢当局は病状を軽視し、翌2020年1月11日に最初の死亡報告があっても、人から人への感染がないと言い続けた。

やがて、封じ込め努力の怠慢が、かえって中国共産党のイメージダウンとコスト高につながることに気づくと、当局は1月20日以降にようやくギアを切り替えた。

詫びるどころか恩に着せる

不都合な真実を隠そうとするのは、全体主義の本性である。習政権のいらだちの矛先はまずメディアに向かった。中国外務省は2月19日、新型コロナウイルスの対応について「人種差別的」な記事を掲載したとして、米紙『ウォール・ストリート・ジャーナル』の3人の記者を国外退去処分にした。追放は、武漢ウイルスの感染拡大を独裁政治の限界として論評することは、決して許さないとの意思表明だ。その後、記者追放をめぐる米中の応酬は、まるで米ソ冷戦時代を彷彿《ほうふつ》させた。

習近平政権による明確な反転攻勢は、3月に入ってからだ。新華社が4日に「世界は中国に感謝すべきだ」として、珍妙な論説を流し始めた。武漢ウイルスがアメリカに飛び火し、3つの州が緊急事態宣言をしたことを取り上げ、中国はウイルスの制御に成功したが、「代わってアメリカは猛烈な嵐の中にいる」と論評した。

さらに論説は、トランプ政権が世界の企業に中国のサプライチェーンを断ち切らせようとするなら、報復として医薬品の対米輸出を禁止し、「アメリカをコロナウイルスの荒海に投げ込む」と恫喝《どうかつ》した。さすがに、共産党は脅しの語彙《ごい》が豊富である。

確かに、アメリカの医薬品はどっぷりと中国に依存しており、サプライチェーンの脆弱《ぜいじゃく》性を露見させた。ＦＤＡ（アメリカ食品医薬品局）は武漢ウイルスの感染拡大による医薬品の不足を連邦議会に報告していたほどだ。中国は抗生物質、鎮痛剤など世界の医薬品有効成分の40％を生産しており、アメリカは抗生物質の80％を中国から輸入していた。

論説は結論として、中国が世界にウイルスと闘うための貴重な時間を与えたのだから、「アメリカは中国に謝罪し、世界は中国に感謝する必要がある」と倒錯した論理を用いる。コラムニストの山本夏彦《やまもとなつひこ》流にいうと、詫《わ》びるどころか恩に着せる。

この手の欺瞞《ぎまん》をテキサス大学のブラッドリー・セイヤー教授は、今回のパンデミック危機によって中国の全体主義モデルが失墜し、世界一を目指す「中国の夢」が脱線しかねない現状から、新しい物語が必要になったからだと指摘する。

物語の最初のページは3月10日、習主席の武漢視察から始まる。視察が近づくころから、感染者の発表数がみるみる減っていく。だが、隔離施設の医師が外国報道機関に「改善は欺瞞《ぎまん》だ」と告発していたから、習氏の視察はウイルス制圧の成功が巧みに演出されたのだろう。いわば、第1段階のウイルス「隠蔽《いんぺい》の敗者」から第2段階の「制圧の勝者」への転換工作である。

実はこれより前、ウイルス対応で国内批判を浴びていた習主席は、中国を「中傷する者たち」を攻撃するよう当局者に指示していたことが、やがて明らかになる。その中には、当然、アメリカも入る。

トランプ米大統領が「中国ウイルス」と言い、ポンペオ国務長官が「武漢ウイルス」と呼ぶと、共産党政治局員の楊潔篪《ようけつち》氏が「中国に汚名を着せようとしている」と怒り、外務省の耿爽《こうそう》報道官が「強烈な怒り」を繰り返す。趙立堅《ちょうりつけん》報道官が根拠のないアメリカ軍によるウイルス漏《ろう》洩《えい》の陰謀論を吹かしたのも、この流れの中にある。

これにより、国内の習批判派に対しては「中国の敵を助ける裏切り者」と退ける構図ができた。自由主義のような失政の透明化は苦手でも、全体主義には初動の失敗を偽装する新しい物語をつくるのはお手のモノだ。

中国共産党は第3段階として、世界に向けてすでにウイルスを制圧したとして「危機に強い中国」を印象付ける。自国から資本が流出し、外国企業が撤退しないよう、中国が安全な「世界の工場」であることのアピールが欠かせないのだ。

感染者数で中国を超えたアメリカを尻目に、大量に抱える医薬品とマスクをアジアやヨーロッパに続々と運び出した。

特に、「一帯一路」に組み込まれた諸国を中心に支援を行い、アメリカに代わる世界政治のリーダー国家であることを印象付ける。

米調査研究機関のホライズン・アドバイザリーによると、習政権はウイルス感染が中国を基点にアジア、ヨーロッパ、アメリカへとタイムラグをもって拡散していく感染症危機を、逆にチャンスととらえ始めた。発生源の中国より遅くパンデミックを迎える米欧が、数カ月遅れて経済活動を再開するまでに、世界の需要を総取りする狙いだ。

しかし、早すぎるウイルス制圧の宣言は、大きな落とし穴が待ち構えている。過去の疫病との闘いは、為政者がウイルス対策を緩めた隙に、新たなパンデミックにのみ込まれている。

懲罰外交を多用

期待値の高い予想や予告が実現しないと、それだけ失望感が深まるのは世の常である。だが、今回の予想ばかりは、中国による「懲罰《ちょうばつ》外交」の圧力によって、実現は怪しいものだと考えていた。

2020年のノーベル平和賞で、授与が期待された香港の民主活動家や、中国で投獄されたウイグル族の学者が、有力候補に挙げられながら見送られた一件である。ノルウェーのノーベル賞委員会が平和賞を授与したのは、誰も反対する者がないWFP（世界食糧計画）という国際機関であった。そこに、中国の影はなかったか。

確かに、新型コロナウイルスの流行で世界の飢餓に苦しむ人々を救済する仕事は崇高なものだ。しかも、レイスアンデルセン委員長は、授与は近年の「多国間主義が尊重されていないこと」への危機感からの警鐘でもあったと述べた。

だが、WFPの飢餓対策はそれ自体が仕事であり、平和賞による評価や後押しにかかわりなく推進するものである。

しかし、香港の民主化要求やウイグル族の人権擁護は、市民が巨大権力の抑圧に抗して闘っており、平和賞があればどんなに勇気づけられ、支援になったことか。だが、著者がもとより彼らの受賞に懐疑的だったのは、たとえ世界的な賞であっても巨大パワーの政治風圧から逃れられないという現実があるからだ。

それは2010年にノーベル賞委員会が、服役中の中国人反体制派の劉暁波《りゅうぎょうは》氏に平和賞を授与したときに起きた。中国はただちにノルウェー政府との交流を停止し、健康上の理由でノルウェーからのサーモン輸入を制限した。中国が得意の「サルを怖がらせるためにニワトリを殺す」という手口だ。

その後、ノルウェーによる国連の投票行動が中国と妙に一致するようになって、「懲罰外交」の成功例になったと英紙『フィナンシャル・タイムズ』は指摘する。まもなくノルウェー政府は、北極評議会への中国のオブザーバー参加を支持し、オスロを訪れたチベットの精神的指導者、ダライ・ラマとの面会を拒絶し、「1つの中国」政策を損なうことはしないと誓約した。

たとえ「平和賞ウォッチャー」であるノルウェーのオスロ国際平和研究所が、報道の自由に取り組む団体とともに香港やウイグルの民主派を受賞の有力候補に挙げても、もはや実ることのない期待であった。

中国はノルウェーに対する懲罰が功を奏したことから、この2010年以降、「懲罰外交」を多用するようになっていく。

周辺国に対しては、「懲罰外交」が効かなければ、「領土侵犯」に打って出る。習近平政権が武漢ウイルスの感染源として弱みを見せまいと凶暴化し、周辺国がウイルスの荒波に苦闘しているうち、自制が利かなくなった。

オーストラリアが新型コロナ感染症に関する調査を求めたのに対し、中国は大麦など豪州産農産物に対する経済制裁を発動した。親中派のドイツに対してさえ、メルケル首相と習近平国家主席とのテレビ会談2日前になって独産豚肉の輸入を全面停止した。香港への批判が意に沿わなかったからだ。

いまや世界130カ国・地域にとり中国が最大の貿易相手国であると豪語し、逆らう国があれば徹底的に威嚇する。

2035年、先進国に並ぶ

経済的にも軍事的にも膨張を続ける中国は2020年10月29日に閉幕した共産党五中全会で、2つ目の中間目標となる骨格を示した。

その概略は次の通りである。
○2035年の目標　1人当たりのGDPは19年に1万ドルを超えた。次の目標はスペインやイタリアと同じ3万ドル前後の中等先進国とする。コア技術で重大なブレークスルーを実現する。

○第14次5カ年計画（2021～25年）　国内を主体に海外の循環とつなげ発展を促す。内需体系の育成を加速し、全面的に消費を促す。
○外交・軍事　国際的なパワーバランスは深刻な調整が生じている。中国の特色ある大国外交を積極的に推進する。

この時点ではまだ、アメリカの大統領が誰に決まるか不透明だったためか、米中関係は引き続き厳しいとみて具体的な言及を避けていた。アメリカの対中デカップリング（引き離し）が続くとの前提で、毛沢東ばりの「自力更生」の路線を強調している。そのために、国内市場の活性化と「一帯一路」戦略を両輪としてアメリカに依存しない経済ブロックを形成させるという「国内大循環」や「双循環」路線を明示した。

興味深いのは、これまでの2021年の中国共産党創設100年、2035年の中間奮闘目標、そして2049年の中華人民共和国建国100年に加えて、2027年人民解放軍の「建軍100年奮闘目標」を新たに打ち出したことである。

五中全会のコミュニケには、その目標を「全面的に戦争に備え、練兵強化を行い、国家主権、安全、発展利益を防衛する戦略能力を高め、2027年に建軍の100年奮闘目標の実現を確実にすること」と具体策を示した。ここで留意すべきは、この奮闘目標が実際に「戦争がある」との前提に立った強軍化戦略であることだ。

特に、コミュニケが「発展利益の防衛」を織り込んでいることに、アメリカのチャイナ・ウォッチャーの注目を集めた。国家主権の防衛は当然としても、「発展」にまで言及して引き金を引くのかとの懸念である。軍事以外でも「中華民族の偉大なる復興」を阻止しようとする外国勢力をやり玉に挙げているのだ。

習近平主席は2022年秋の第20回中国共産党大会前に、規約通りなら党総書記の定年を迎える。これを更新するには、国家主席を「終身」としたように、党ポストも毛沢東のように「終身」にするための工作が必要になる。狙《ねら》うは「党主席」ポストの復活である。共産党内部の権力闘争の定石通りなら、対外的な軍事衝突の緊張を高めて危機感をあおり、習近平独裁体制の求心力を確実なものにする。

第2次大戦中に毛沢東は、国民党に抗日戦争を仕向けて弱体化させたし、戦後の大躍進の失敗から人民の目をそらすために、中印戦争を仕掛けている。鄧小平《とうしょうへい》もまた中越戦争を仕掛けて、軍部に敗走の責任を取らせて権力を掌握した。どちらも、国益より私益を優先して対外戦争を利用するから、周辺国は迷惑をこうむることになる。まこと、食えない人々である。

社会主義現代化国家の実現

思惑通りなら、中国は2049年に、習主席が「建国100年までに諸民族の中で聳《そび》え立つ」

と訴えた社会主義現代化強国を打ち立てる。それは、アメリカ国防総省の顧問だったマイケル・ピルズベリー氏が、『Ｃｈｉｎａ ２０４９』で紹介した中国の１００年マラソンと平仄《ひょうそく》が合ってくる。

ピルズベリー氏は２００６年ごろまでは対中関与政策を支持する「米中協調派の中心人物」として知られていた。その彼が、「中国に騙《だま》され、対中認識は間違っていた」と激白し、「中国の夢」というスローガンの陰で、中国がアメリカ主導の世界秩序を覆そうとしていることを論証した。

２０４９年はどんな世界なのだろうか。空気は清浄なのか、汚れたままか。抑圧されてきた人々に、ほんの少しばかりの自由は許される世界なのだろうか。習近平主席はすでに１００歳近い高齢で、政界を引退しているだろうから、ポスト習はあのオーウェルの小説『一九八四年』のような独裁者ビッグ・ブラザー並みに冷酷な人物なのだろうか。ひょっとして、習が生き永らえ、最長老として院政を敷いているなどという構図は考えられないか。そして日本は、大半の土地が中国に買収され、街は華僑・華人であふれ、円は人民元に駆逐されているだろうか。

国連本部はニューヨークから上海に移り、ＩＭＦ（国際通貨基金）は本部をワシントンから北京に移動しているなどということが想像できるだろうか。

いいや、実際にクリスティーヌ・ラガルド専務理事（当時）が２０１７年７月にその可能性を示唆したことがある。ラガルド専務理事は中国の成長がこのまま続くと、「10年後には北京本部でこうした会話を交わしているかもしれない」と述べ、ＩＭＦの議決権を見直す必要があると指摘した。シンポジウムでの彼女の発言に、ワシントンの会場には冗談かと笑いが広がったが、専務理事は「経済規模が最大の国に本部を置く」とのＩＭＦの条項を紹介したうえで、その可能性を指摘したのだ（ロイター２０１７年７月25日付）。

老け込む中国

しかし、習主席が描く「中国の夢」は、深刻な内部矛盾と強力な外圧によって、思い通りに進むとは思えない。公共事業と外資に依存するいびつな経済と１人っ子政策がもたらす少子高齢化が中国の野心に襲いかかる。習政権の「経済成長の逃げ切り策」と、負の遺産である「高齢化の追い上げ」が、激しいツバ競り合いを見せ始めたからだ。

財政のパイが大きくなれば、先軍政治の中国では当然のように軍事費は膨らんでいく。ところが巨大人口ゆえに増えていく年金や医療保険も半端な額ではない。巨大国家が人口比のバランスを崩して高齢化社会を迎えれば、社会保障の収支はとんでもないことになるだろう。

主要国のエコノミストは、多くが右肩上がり信仰を「直線病」として疑問視している。一律60歳定年の中国だから、15歳から59歳までの生産年齢人口（日本は16〜64歳）が、すでに

2012年から建国後初めて前年を下回った。危機感を抱いた当局は「1人っ子政策」の廃止を決定したもののすでに後の祭りだった。中国社会科学院・労働経済研究所によると、生産年齢人口は2011年の9・41億人をピークに減少し、2023年には9億人以下になり、2050年には6・51億人に急減してしまう。全人口に占める割合は、7割弱から5割にまで急降下する計算である。

生産年齢人口がピークだった2011年が過ぎると、経済面でも2012年から成長率が低下し始めた。人口のバランスが崩れてくると、年金や医療保険など社会保障の収支が悪化してくる。中国のデータで見ると、2016年の保険料収入から保険金支払いを差し引いた収支は6058億元、日本円で約10兆5000億円の赤字となった。15年前に比べて7割も拡大しているから、深刻さの度合いが分かるだろう。

今後はさらに高齢者の割合が上昇していくから、公的資金からの財政補助も増加して、財政を圧迫していく。国連の人口予測は、中国の総人口がピークを迎えるのは2029年で、2030年からは高齢者を上乗せしながら急減していくと見通している。

中国にとって致命的な弱点は出生率にある。フランスの人口統計学者、エマニュエル・トッドは「中国の将来には悲観的にならざるを得ない」と述べている。中国の1人っ子政策は食料事情などの時代要請もあって1979年にスタートし、廃止する2016年1月1日までの間、

4億人もの出生数が抑制された。30年余り続いた政策のツケは大きい。中国の65歳以上は2010年に1億1000万人、人口比で8・2%だったものが、10年後の2020年には12%に跳ね上がる。さらに2030年に17%、2040年に23%、2050年に26・3%を超えて、老齢人口3億5889万人の「老人超大国」が出現する。現役世代との人口比は、2017年が5対1だが、2050年には2対1になる。

現在の中国は猛スピードで少子高齢化の道をひた走り、満足な社会保障制度もできないうちに高齢化社会を迎えてしまった。これが近い将来の社会不安につながる。高齢化への十分な備えがないまま少子高齢化社会に突入すれば、貯蓄の減少や消費の低迷は避けられない。投資だけがじゃぶじゃぶと水浸し状態の中国で、経済発展はそれなりに遂げても、その凄《すさ》まじい格差の拡大は止められない。その歪《いびつ》な経済がボディブローのように効いて、残るのはとてつもなく大きな不満だけだ。

フィクションの「2049年戦略」

経済成長の指標となるGDPは、おおむね生産性と人口の掛け算だから、経済成長と人口減の進捗《しんちょく》はいわば「内戦状態」になる。全体主義国家の常として軍事費の膨張が止められないから、国家だけは強国になっても、人民の未来はとても明るくなるとは言い難いのだ。

しかし共産党指導部は庶民が事態の深刻さを知って不満が爆発することを恐れるため、国家の明るい未来ばかりを語っている。指導部は「中国の夢」は語っても、経済の命運を決定づける人口問題の試算については口をつぐむばかりなのである。

老け込んだ中国が、国内に内部矛盾を溜め込んだままなら、関心をそらすために周辺国に敵をつくって膨張するしかない。軍事力を持って尖閣諸島を奪取し、台湾の併合に動くかもしれない。あるいは中国経済が落ち込んで来れば、内部矛盾が爆発して共産党体制が崩れる崩壊のシナリオも否定できない。一度、経済成長の甘い味を覚えた14億人の人民が、新しい居場所を求めて大移動することも起こりうる。

さらに、人々の生活水準が一定のレベルに達すると、頭をもたげてくる政治参加への意欲にどう対処するか。これまでのように、武装警察を使って彼らを排除し続けることが可能なのか。中国が豊かになれば国民が自由や民主化を求めるというのは、西側諸国のうぶな感性なのだろうか。習主席は2017年秋の共産党大会で、民主国家になることを明確に否定している。あくまでも「特色ある社会主義の偉大な勝利」なのであって、抑圧的なチャイナ・モデルに自信を深めていた。当然ながら、中国共産党指導部は人間が自然に抱く「自由への欲求」をかわす手立てを考えざるを得なくなろう。古典的な政治手法でいえば、力で欲求を封じるしかない。「全体主義の延命」を至上命題とする中国指導部は、ナチス・ドイツの崩壊とソ連の終焉《しゅうえん》から多くを学んだ。ナチスは12年間続き、それが自壊する前に第2次大戦が起こった。ソ連は70年以上も続き、崩壊するまでには何十年もの冷戦による対決を必要とした。オックスフォード大学のステイン・リンゲン名誉教授は「歴史は、中国の全体主義が容易に突き進むことができる、とは示唆していない」と断じている。

中華人民共和国とはまさに、フィクションのうえに真実をまぶした共産党主導の全体主義国家である。この国の巨大官庁組織から、200万人以上の人民解放軍、省はじめすべての地方組織、企業、大学、そして末端の町や村にいたるまで共産党組織がある。そこでは、党書記たちが強力な権力を行使し、思うままに人々を支配する。彼らは配下の人々を観察し、不審な動きを上部機関に報告し、さまざまな決定を繰り出していく。

現代化強国を達成して「2049年戦略」が終わっても、中国共産党が続くものと仮定するなら、人々を支配する抑圧政治は終わらないことになる。中国共産党という「手負いの龍」は弱みを見せまいとますます凶暴さを増し、世界を奈落の底に突き落とすだろう。

第4章

対決への道

――舵を切ったトランプ

グローバル戦略からの退却

もともとアメリカ社会は内向き傾向の強い国である。第1次大戦も第2次大戦もアメリカ自身が他国から攻撃を受けるまで、世論の足かせから参戦を決意することはできなかった。近年、とりわけ政策決定に関与する政治指導者や知識層に内向きの傾向が強い。

その典型がオバマ大統領だった。2013年9月10日、ロシアのプーチン大統領がシリアのアサド政権から「化学兵器の放棄」を取り付けた直後に行ったオバマ大統領のホワイトハウス演説は、「アメリカは世界の警察官ではない」などと、敗北宣言に聞こえたほどである。2014年1月のアメリカの有力誌『ニューヨーカー』に掲載のインタビューには、さらに驚かされた。大統領が「私はいま、ジョージ・ケナンのような人物を必要としていない」と語り、グローバル戦略を拒否する記述があったからだ。

ケナンはソ連を崩壊に導いた「対ソ冷戦」戦略の生みの親である。1947年、外交誌『フォーリン・アフェアーズ』に、「X」を名乗り「ソ連の行動の源泉」というタイトルの論文を書いて、その拡張主義とイデオロギーを非難、アメリカ国民に対ソ封じ込めの覚悟を訴えた（第6章参照）。

ケナンがいう「ソ連」という表記を、ここでは「中国」に置き換えてみれば、そのままインド太平洋のいまに通じるだろう。

中国指導部は文字通り、「内在する拡張主義」と「共産党独裁体制の維持」のためには、手段を選ばずに力を行使する。外に向かっては、アメリカが構築した東アジアの戦後秩序に挑戦する。もちろん経済交流のなかった当時の米ソ関係と、投資と貿易が巨大に膨らむ米中関係では、異なる戦略が必要である。

しかしオバマ大統領は『ニューヨーカー』誌において、歴代の民主党政権が築いてきた「理想主義による対外的干渉」を否定してしまった。そして、ヘンリー・キッシンジャー元国務長官やブレント・スコウクロフト大統領補佐官らの現実主義からさえも遠ざかった。

オバマ大統領は「政治変化や近代化はそれぞれの国に独自のものであり、西側からの解放の物語ではない」と述べ、「適切な戦略的パートナーが必須だ」と、アメリカの能力の限界を明らかにしたのである。

オバマ大統領の外交思考の基軸はいったいどこにあったのだろうか。

この外交思考は、オバマ大統領の政策顧問を務めたズビグニュー・ブレジンスキー元大統領補佐官の「単独で覇権をとれる時代は終わった」とする考えに通じる。ブレジンスキーは19世紀のイギリスのように、アメリカは各地域のバランサーとして勢力均衡を図る役割を果たすべきだと説いた。

沖合から勢力均衡を図るオフショアバランス（沖合均衡）として、離れた地域から前線の同盟国を支援する。自ら敵対国と対峙するオンショアバランス（直接均衡）の役割を放棄し、アメリカのグローバル戦略からの退却を示唆した。歴史学者のニーアル・ファーガソン氏によれば、それはまさしく「地政学的先細り」であった。

ブレジンスキーは次のようにも述べている。「中国は地域で圧倒的な力を持つ大国として登場してきているが、今後かなりの長期にわたって世界大国になるとは考えられない。中国に対しては封じ込め政策も宥和《ゆうわ》の政策もとるべきではない。世界最大の発展途上国として、敬意をもって接するべきである」（『ブレジンスキーの世界はこう動く』日本経済新聞社）

第2期のオバマ政権は、抑止から抑制に転じて、中国に「協調の窓」を開け放した。しかし抑制は相手が同じ気持ちにならなければ、かえって脅威は増大してしまう。オバマ政権は「戦略的忍耐」という手法で、中国に対応しようとした。しかし、戦略的な抑制のつもりでも中国が「弱いオバマ」の反映と見れば、その隙《すき》を突かれてしまう。

それに気が付いたオバマ政権が軌道を修正して、オンショアバランサーとして「アジア太平洋の安定に寄与」すると表明したのは、オバマ大統領が訪日した2014年4月の日米首脳会談からである。

アメリカ第一主義への懐疑

2017年1月に発足したトランプ政権もまた、「アメリカ第一主義」を掲げて国際舞台から退場し、新興大国にその座を譲りかねないとの懸念があった。それらを象徴するやり取りが、共産党大会直前の2017年6月にシンガポールで開催のアジア安全保障対話「シャングリラ・ダイアローグ」で交わされた。アメリカのジェームズ・マティス国防長官（当時）が、忍び寄る中国の南シナ海侵略に警戒感を示したのに対し、会場から鋭い指摘が相次いでなされた。

「70年前、当時のアチソン国務長官はアメリカが主導する〝秩序の創造〟に立ち会ったと書いた。しかし、NATO（北大西洋条約機構）、TPP（環太平洋戦略的経済連携協定）、パリ協定をめぐる出来事をみると、いまは、アメリカによる〝秩序の破壊〟に立ち会っているのではないか」

戦後秩序をつくった自由世界の旗手が、自らその旗をたたむのか、という非難に聞こえる。これに対して思慮深いマティス長官は、イギリスのチャーチル首相の言葉を引いて「すべての選択肢を使い果たしたら、アメリカ人は常に正しい軌道に入る」と応じた。当時の政権内では、マティス長官を含む軍出身者の閣僚からなる伝統的な国際協調派と、ホワイトハウスに跋扈《ばっこ》する孤立主義的な側近グループとの確執が絶えなかった。そのマティス長官が2019年1月1

日に辞任せざるを得なかったことを考えると、チャーチルの言葉通りにトランプ大統領の選択を「正しい軌道」に修正することはできなかった。

あのとき、マティス長官が振り払おうと試みても、シャングリラ会議の参加者が持つ疑念は消えないのも無理はなかった。海洋国家のアメリカが、オバマ政権の内向き外交どころか、北米の大きな島国に閉じこもってしまうのではないか、との不安感である。続くトランプ政権が温暖化ガスの削減目標を示す「パリ協定」からの離脱を決定したことは、大統領のＮＡＴＯ批判と合わせて米欧間に不信のミゾを深めた。

「アメリカ第一主義」を実践するトランプ大統領は、同盟国間の国防費の公正な分担を繰り返し求めた。このときのＮＡＴＯ加盟国が、国防費をＧＤＰ（国内総生産）比２％にする目標を達成したのは、加盟29カ国の中でわずか9カ国という無責任ぶりであったからだ。ドイツのメルケル首相は、トランプ政権の露骨な要求に「ヨーロッパはアメリカの指導力にもはや依存することはできない」と語り、各国にアメリカに頼りすぎることを戒めた。

トランプ大統領はアメリカが築いた「パクス・アメリカーナ」のルールブックには興味はなく、実際にそのスキを中国に突かれている。米欧の同盟分断を狙う中国は、この機会をとらえてヨーロッパの取り込みを図るべく動いた。1月の「ダボス会議」で、習近平《しゅうきんぺい》主席はあたかもグローバル経済の旗手であるかのように振る舞い、パリ協定の会議でも合意成立の功労者であるかのような印象を残した。

ＥＵ（欧州連合）が、中国の不公正な貿易慣行やサイバー空間での無法、そしてパンデミックに乗じたヨーロッパ企業の買収攻勢により、不信感を警戒感に転化させるのは、なお3年を要する。このときはまだ、台頭する中国に対するＥＵの警戒感は希薄であった。それは、アメリカの信頼性に対する疑いの反動なのかもしれない。

インド太平洋でも、トランプ政権はＴＰＰからの離脱を表明して、アジア諸国の信頼を損ねてしまった。南シナ海の沿岸国は、アメリカが「航行の自由」作戦を継続するか否かに疑いを持ち、同時に、アメリカと連携することにより中国から経済的懲罰を受けることを恐れていた。

トランプ政権に欠如する戦略を吹き込む

トランプ大統領の外交政策は、右に左に激しく揺れてとらえどころがなかった。貿易でも安全保障でも、「2国間の取引」なら優位に立てると考え、「多国間の協調」をおおむね拒否する。大統領選中は、中国に対する45％の関税やＷＴＯ（世界貿易機関）からの離脱をちらつかせて脅していたが、就任後しばらくは自制をしていた。

だが、中国の急速な軍事的な台頭は、アメリカだけでは抑止できない時代が到来するとのたじろぎが出てきた。アメリカ海軍大学の予測によれば、中国海軍は２０３０年までに４３０隻以上の水上艦と、100隻の潜水艦を保有すると見込まれる。これに対してアメリカ海軍は、現在の「展開可能な戦闘艦」は273隻から308隻に増加するとしていた。一方、トランプ政権は350隻にすることを提案した。いずれにしてもアメリカ単独では、中国の艦船数に追いつかないことになり、今後15年の間に、中国海軍は規模、能力ともにアメリカ海軍を劇的に上回ると指摘されていた。

この予測を前にしても、トランプ大統領の対中外交は、本能的な直観に基づく個人的な「取引」の域を出ず、現実主義的な「戦略」を欠いていた。そこに、「台頭する脅威」への危機認識を持ち込んだのが、2017年12月に明らかにされた『国家安全保障戦略』である。この戦略報告は、中国とロシアを修正主義国であると断定し、「アメリカのパワー、影響力、利益に挑戦している」ととらえ、中国を「戦略的競争相手」と位置づけた。

さらに、イランと北朝鮮はならず者国家であり、「地域を不安定化」させる元凶と考える。この段階でのプライオリティはインド太平洋重視、同盟重視であり、これまでの対テロ戦争よりも大国間競争を優先している。従って戦略報告は、「アメリカは、インド太平洋、ヨーロッパ、中東における不利な変化と対抗するための意思と能力を動員すべきである」との現実認識を示す。

そのために「有利なバランスの維持は、同盟国やパートナー国との協力を必要とする」と、ここでは同盟重視を強調している。特に、中国とロシアが戦後の自由で開かれた国際秩序を損ない、独自の権威主義モデルに適合する世界を構築しようとしていると指摘した。

トランプ大統領はこの戦略を内外に明らかにするため、異例の演説を行っている。戦略報告はまず、個人の尊厳や宗教の自由など「アメリカの価値」を強調する。だが、大統領自身は習近平主席やロシアのプーチン大統領、北朝鮮の金正恩《キムジョンウン》労働党委員長（現・総書記）ら、いわば独裁者との直接取引を好み、およそ価値観外交には縁遠い。実際、個人取引によって相手を引き付けようとしても、敵対者を魅惑させるような手品などあるはずもなく、結果的にトランプ外交が迷走するのはそのためであった。

マティス国防長官が2018年1月19日に発表した『国家防衛戦略』も、中国を「国防戦略上、もっとも重大な脅威である」と認定したうえで、同盟国の重要性と貢献を強調していた。長官はさらに、中国とロシアを「現状変更勢力」と述べ、テロとの戦いに代わる戦略的な脅威と認識する。アメリカの歴代政権は近年、テロとの戦いを優先事項に挙げてきた。だが、この国防戦略もまた、最大関心事をテロリズムからとりわけ中国に移し、「国家間の戦略的競争」にあると引き戻している。

基本戦略は、トランプ大統領が2017年暮れに発表した上位文書の『国家安全保障戦略』と共通する。しかし、上位文書の戦略項目のうえには事実上、「アメリカ第一」のフタをかぶせているから、関係諸国はその実行力については懐疑的にとらえていた。国防戦略のほうは、具体策をもってこのフタを外しているように思える。南シナ海で中国が近隣諸国を圧迫し、「インド太平洋地域で覇権構築を狙っているほか、将来的にアメリカに取って代わろうとしている」と率直な警戒感を示した。

中国の戦略家は、アメリカがこれまで、テロとの戦いと核拡散の阻止に手を取られてきたため、2000年から2020年までを「戦略的好機」と考えてきた（第3章参照）。確かにアメリカは、2001年の米中枢同時テロの「9・11」以降、アフガニスタン、イラクと転戦し、シリアのテロ組織との闘いに明け暮れた。

他方でアメリカは、北朝鮮による核・ミサイル開発を封じるため、元来が北のパトロンである中国に、北朝鮮に対する圧力では依存せざるを得ない側面があった。誰が国際秩序を破壊する挑戦者であるかを知りながら、その中国に頼り切るという逆説である。しかも、トランプ政権がTPPから離脱したことで東アジア諸国からの信頼性を損ない、中国に有利な環境を提供しているところから、習近平主席の側近たちが「戦略的好機」と考えて何の不思議もない。

従って、『国家安全保障戦略』と『国家防衛戦略』は、漂流してきたトランプ外交に明確な羅針盤を埋め込んだといえる。前者はマクマスター大統領補佐官、後者はマティス国防長官を中心とするトランプ政権内の現実主義同盟派が起案したものであろう。それはトランプ大統領自身の刹那《せつな》的な「取引」外交に制限を加える意思が織り込まれており、のちに2人が事実上の解任に至る遠因でもあった。

米中冷戦を印象付けたペンス演説

米ソ冷戦がそうであったように、米中関係も時間をかけてじわじわと冷たい戦争のような対立に陥っていった。トランプ政権は安全保障と通商の両面から「新冷戦」を覚悟したかのようであった。マイク・ペンス副大統領が2018年10月4日に行った演説をもって、レーガン大統領がソ連を「悪の帝国」と呼んだ瞬間を彷彿《ほうふつ》させるとの論評があった。アメリカはこれまで、中国による国際秩序無視の影響力の拡大を見過ごしてきたが、ペンス演説は「それらの日々を終わりにする」との決意の表明であった。

ペンス副大統領の演説は米中対決がこれまでの貿易戦争にとどまらず、安全保障、人権に及び、米中関係を文字通り「リセット」することを宣言している。特に、北京がこの年11月のアメリカ中間選挙をターゲットに、「アメリカの民主主義に干渉している」ことを重視した。中国が政府ぐるみでアメリカへの対抗心を燃やしている以上、トランプ政権は「同じ方法で反撃する」と売られた喧嘩《けんか》を買っているかのようであった。

大統領補佐官だったジョン・ボルトン氏の回顧録『The Room—Where it Happened』によ

ると、ペンス演説の草稿には、珍しくトランプ氏も加わって1行1行検討した。大統領が気にしていたのは、次期大統領選挙でトランプ氏が敗北するよう中国が彼を標的にしていると考えていたからだという。

演説は中国がチベット、ウイグルへの弾圧を強め、最先端技術の覇権をめざす「中国製造2025」計画、中華経済圏構想の「一帯一路」にともなう「債務の罠《わな》」にも矛先を向けた。さらに、アメリカにサイバー攻撃を仕掛け、大学やシンクタンクに資金を流し、ジャーナリストの行動を制限し、かつアメリカの民主主義システムを破壊していると非難した。

ペンス演説で耳目を引いたのは、北京が自国民の自由と人権を抑圧するため、2020年までに人間生活のすべてを共産党の監視下におく「オーウェリアン・システム」の導入を目指していると糾弾したことだ。イギリスの作家、ジョージ・オーウェルの小説『一九八四年』が、人間性を失った全体主義がいかに戦慄《せんりつ》すべきものかを描き出す陰鬱《いんうつ》な世界を指している。中国という「動物農場」の中で、社会主義の名の下に人心が操作され、反政府的な言動の一切が封じられる（第3章参照）。

習近平体制下の一例でいうと、治安警察のビッグデータで個人情報が蓄積され、顔認証システムによって体制批判者がすべて識別されてしまう。実際に中国共産党は2020年1月に発覚した武漢ウイルスの感染拡大で、感染者追跡の必要性を理由に顔認証システムとビッグデータを使った市民監視体制を確立した。

中国共産党は世界の警察のトップ、ICPO（国際刑事警察機構）の中国人総裁であっても、あるいは国際的に著名な中国人女優でも、彼らが秩序を壊しかねない人物だと判断した相手には容赦しない。彼らに強制して「党と国家の素晴らしい政策」との反省文まで公表させる社会は、まさに「オーウェリアン・システム」そのものであろう。

ホワイトハウスが2017年暮れにまとめた『国家安全保障戦略』で、中国について「アメリカの地政学的優位に挑戦し、国際秩序を変えようとしている」とした判断が、米中新冷戦論の起点かもしれない。この演説に込められた鋭角的な批判は、党派を超えたアメリカのコンセンサスであり、これまで我慢を重ねてきた中国覇権主義に対する怒りの噴出である。

アメリカの外交政策に影響力を持つジョンズ・ホプキンズ大学のハル・ブランズ教授は、ペンス演説が1946年のチャーチル元英首相による「鉄のカーテン」演説でも、1947年のトルーマン大統領の演説に込めた「トルーマン・ドクトリン」でもないと述べた。しかし、米中関係にかかわる歴代政権の演説の中では、「限りなくそれらに近いものだ」と位置付けていた。

さらに、外交評論で定評のあるバード大学のウォルター・ラッセル・ミード教授は、1971年のヘンリー・キッシンジャー大統領補佐官の訪中以来、「最大の転機になると思われる瞬間」であると位置付けた。アメリカを代表する碩学《せきがく》たちが、ミード氏の言う中国との「第

2次冷戦」の到来を告げていたのである。

第2次冷戦の足音

米中が貿易戦争に突入したのは2018年7月6日である。中国による国際ルールを無視した知的財産権侵害などを理由に、アメリカは中国からの輸入品に制裁関税措置を発動した。これに対し、中国もただちに報復関税を発動し、アメリカを「史上最大の貿易戦争を仕掛けた」と非難した。

トランプ大統領は2018年9月の国連安全保障理事会で、中国が同年11月のアメリカ中間選挙を標的に妨害行為をしているとして怒りを爆発させた。トランプ氏の発言は、アメリカ政治に対する外国勢力の干渉が、いかに政治コストを伴うものであるかを知らせる警告であった。

習近平政権がアメリカの中間選挙をターゲットにしたのは、トランプ氏が仕掛けた中国製品に対する貿易関税引き上げに、効果的な反撃が手詰まり状態にあることを示していた。そこで中国は、究極の報復手段として、トランプ氏の選挙基盤である中西部に米中貿易戦争がいかに不利益を被ることになるかの宣伝攻勢を仕掛けたのだ。トランプ大統領はツイッターでも、中国政府がアイオワ州地方紙への折り込み紙面による利益誘導が、「プロパガンダによる選挙介入だ」と激しく反撃している。

トランプ大統領の対中非難は、いかにも政治家らしい発想に基づいている。逆にペンス演説は、貿易赤字と選挙介入に対する大統領個人の怒りを超えている。大統領とは異なる視点から、ペンス副大統領自身をはじめ、ケリー首席補佐官、ボルトン大統領補佐官、マティス国防長官、そして国家通商会議のナバロ委員長ら政権タカ派が足並みをそろえて行動する。彼らはむしろ覇権を争う中国との真剣勝負に打って出た。

トランプ大統領の発言も政権タカ派の決意も、アメリカ民主主義に対する挑戦が、いかに苛烈な反撃を受けることになるかを知らせる警告であろう。アメリカ人の気質には、裏切りや出し抜かれたと感じたときに、強烈な復讐心をバネに総力を挙げて反撃に出る傾向がある。

かつての日本軍による真珠湾攻撃のような国家危機や、ソ連の人工衛星に後れをとった「スプートニク・ショック」のような危機意識があおられるときのアメリカの強靱《きょうじん》さを想起すべきであろう。ルーズベルト政権は真珠湾攻撃を受けた直後から、太平洋戦線とヨーロッパ戦線の大規模な2つの戦争に突入している。日本人はその凄まじいアメリカ軍の戦闘能力を、太平洋戦線、本土空襲、そして占領政策を通じて思い知らされた。

スプートニク・ショック後のアイゼンハワー政権もまた、翌1958年にはNASA（航空宇宙局）をつくり、同時に理数系の人材育成に予算を集中投下した。ケネディ政権による1961年の「アポロ計画」で人類初の月面歩行を成功させて、ソ連を完全に引き離した。

2001年の「9・11」テロに対する反撃も、国際テロ組織の温床だったアフガニスタンを攻撃し、勢いあまってイラクをも壊滅させた。

そしていま、対中「第2次冷戦」の足音が高くなってきた。テキサス大学のマイケル・リンド教授は米ソの第1次冷戦を1946年から1989年のベルリンの壁崩壊までとし、今後の第2次冷戦も、この米ソ冷戦期にあったように軍拡競争、経済対決、情報活動、そして数々の代理戦争の勃発につながることに、アメリカ人の覚悟を求めている。

マティス国防長官が2018年1月にまとめた『国家防衛戦略』はすでに、中国との「長期的かつ戦略的な競争の再出現」として、米ソ冷戦のような大国間の戦略的競争が再燃することを示唆していた。中国は習近平独裁体制のもとで世界を不安定化させ、アメリカや同盟国の安全を脅かしているとの認識だ。これら対中観の変化は、決して政権内のタカ派だけに限ったものではない。

対中対決の包囲網

ワシントンでは長く米中関係の強化に取り組んできた人々の間にさえ、中国に対する幻滅が広がり、親中派の研究者や経済人からは寂《せき》として声がなかった。日本国内でも、党機関紙の『人民日報』を崇《あが》めていた学者、ジャーナリストも同じである。かろうじて、2019年7月4日付『ワシントン・ポスト』紙に「中国は敵ではない」との公開書簡が、「トランプ大統領と議員各位」として掲載された。

この公開書簡は元国務次官補代行のスーザン・ソーントン氏、ハーバード大学のエズラ・ボーゲル名誉教授ら民主党系の5人が起草し、中国専門家や元外交官ら計100人が署名した。彼らは政府や議会に「中国を敵扱い」する対中政策は国益を損ない、世界経済に悪影響を及ぼすとして再考を求めている。当然ながら中国メディアは絶賛し、逆にアメリカ国内ではネット上で、その背信性を厳しく糾弾された。

特に、公開書簡に対抗してウェブ誌『ワシントン・フリー・ビーコン』には、ペンシルベニア大学のアーサー・ウォルドロン教授らアメリカの戦略家、元軍人、研究者ら計135人が署名した反論書簡が掲載された。こちらは公開書簡に対して、「対中路線を維持せよ」とトランプ大統領の尻を叩いている。

すでにアメリカ議会は、共和、民主両党がアメリカによるインド太平洋地域への対中ヘッジ（備え）を強化するため、「アジア再保証イニシアティブ法」を成立させ、政府に同盟国との関係強化や台湾への支援、多国間貿易協定の促進を求めていた。これら超党派の厳しい対中姿勢は、ますます強硬度を増してもはや戻ることのできないところまで来ていた。

これらを反映して、両党は国防権限法を通じてトランプ政権に中国への対抗策を義務付けた。

圧倒的多数で上下両院で可決されたこの法律は、総額7160億ドルに上る国防予算が含まれ、同盟国を安心させる数々の方針を掲げている。

同法はまず、インドを主要な防衛パートナーに位置付け、台湾の防衛能力を支援し、国防長官に「インド太平洋安定化構想5年計画」の提出を求めた。南シナ海の人工島の軍事拠点化を中止するまで、合同軍事演習「リムパック」への中国の参加を禁止させる。さらに、中国がスポンサーの孔子学院受け入れの大学に対し、国防総省の基金提供を制限する。

そうした中国への警戒感は、パンデミック危機が起きる前からアジアはもちろんヨーロッパにまで広がっていた。各国はトランプ大統領の乱暴な対中非難の言葉に違和感を持ちながらも、中国による経済的な収奪的行動に対するアメリカの反撃を内心は歓迎していた。中国にない先端技術は、米欧企業を買収して吸収し、できないものは盗用することが顕在化していたからだ。

ヨーロッパ議会が2018年9月に採択した「対中関係報告書」でも、中国の「一帯一路」戦略を通じたインフラ投資に警戒感を示し、EUが結束して中国の影響力に対抗できるよう加盟国に呼びかけていた。報告書は人権、法の支配、公正な競争を関与の中核に置き、これまでのヨーロッパ勢とは明らかに異なる姿勢に転じていた。直接的な痛手をこうむることにより、中国を市場の魅力よりも戦略的な脅威と見るようになった。

ましてインド太平洋地域では、「一帯一路」戦略の評判は悪くなるばかりだ。巨額投資を受け入れたマレーシアやモルディブは、選挙で親中派の現職が相次いで敗北し、中国主導のインフラ整備が見直された。パキスタンは鉄道事業で中国の融資削減を決めた。中国は世界を変えつつあるが、もはや世界の中国観も変えていた。

「自由の息子たち」に共感するアメリカ

アメリカにとっての米中貿易戦争は、経済対立を超えて自由と民主主義の価値を守る戦いにも連動する。ペンス副大統領による2度目の対中政策演説は2019年10月24日、香港で続く対中抗議デモに「香港の人々とともにある」とエールを送り、中国と対峙する台湾に関連しては「台湾の民主主義が中国人に素晴らしい道を示す」と、逆に中国民主化の必要性を強調した。トランプ政権が掲げるのは自由と独立の擁護である。

アメリカの識者たちは、香港デモについて、2つの方向からみていた。

一般的に類似例として挙げられるのは、1956年に首都ブダペストで発生したハンガリー事件だ。この動乱も、北京の圧力下にある香港デモのように、モスクワによる強権支配への抗議行動として始まった。デモ隊に対する警察の強硬策が市民の暴力を誘発し、同年11月4日のソ連戦車の侵攻を招いてしまう。

もう1つの見方は、香港の逃亡犯条例に対する抗議デモが、むしろアメリカ独立戦争の引き金となった「ボストン茶会事件」を思わせるという視点だ。イギリスの植民地ボストンの急進派市民が1773年、本国の茶税に反対し、入港した東インド会社の船から茶を捨てた歴史的な事件である。

前者が中国人民解放軍による香港制圧をイメージするのに対して、後者は中国軍の弾圧を香港人が跳ね返して自治権や独立性を獲得するケースを想定することができる。中南海の共産党首脳部には、香港をアメリカの独立になぞらえる「ボストン茶会事件」の例えほど危うくて、忌々《いまいま》しいものはなかった。ジョージ・ワシントン大学のゲリー・アンダーソン教授は、ボストン市民が茶税を自治権の喪失と見ていたように、香港人もまた、香港政府が進める逃亡犯条例改正案を「一国二制度」が破壊される最初の一歩と感じていたという。

もちろん、香港人には独立戦争を戦える能力はないものの、この逃亡犯条例によって中国が支払う政治コストは、海峡を隔てた台湾に飛び火したことでその大きさが分かる。台湾の人々は、中国共産党による香港への仕打ちから、明らかに「一国二制度のまやかし」を確信した。それは独立色の強い蔡英文《さいえいぶん》総統の支持率を押し上げたことに現れている。北京が香港に対して高圧的になればなるほど、台湾の人々にとっては、この制度の魅力がさらに色あせてくる。

同時に、多くのアメリカ人は自由と独立のために戦う人々に強い共感を持った。あのボストン茶会事件を前哨戦として、植民地の急進派が1775年4月、ボストン郊外でイギリス軍と衝突して始まった独立戦争は、自由と独立の大義につながる彼らの誇りである。このとき、北米の13植民地の急進派市民を誇らしげに「自由の息子たち」と呼んだ。

従って、アメリカの人々が持つ香港や台湾の「自由の息子たち」に対する親近感は、ことのほか強いのだ。ただ、香港はイギリスが1997年に全体主義の中国に返還されて、主権が大陸に移されてしまったという手遅れ感がある。しかし、台湾は独立性の高い民主的な国家システムを自らの手で切り開いており、アメリカは兵器の供給と国際機関に加盟するための後押しが十分可能なのだ。

自由主義国家群が明確にしておかねばならないのは、中国が全国人民代表大会で香港に関する国家安全維持法をつくり、2020年7月1日に施行したことで、中国は国際条約に違反したということである。1984年の「英中共同声明」は、声明と名づけられてはいるが、英中間で批准書を交換したれっきとした条約である。香港は立法権を持つという条項に、明らかに違反している。

香港問題に対するイギリスの異議申し立ては、王毅《おうき》外相の言う内政干渉ではなく、国際法破りであり、国際社会は中国の国際法違反に何らかの代償を払わさなくてはならない。

蘇る「共産主義は敵」と対中警戒

トランプ政権の対中観は、2019年10月24日のペンス副大統領と、同年10月30日のポンペオ国務長官の相次ぐ2つの演説に代表される。彼らの演説に共通するのは、中国当局を繰り返し「中国共産党」と呼び、「共産党政権は中国の人々と同じではない」と分けたうえで、共産主義を厳しく断罪したことだ。

この視点は、2020年7月23日に、やはりポンペオ長官が西海岸で演説した共産党批判にも通じている。長官はアメリカ南部ヒューストンの中国総領事館を「スパイ活動と知的財産窃盗の拠点」として閉鎖命令を出した直後の演説で、「私たちが共産主義の中国を変えなければ、彼らが私たちを変える」と、共産党政権だけに標的を絞っていた。

ペンス、ポンペオ両者は2019年7月にワシントンで「信教の自由に関する閣僚級会合」の国際会議を主催して、ウイグル人に対する抑圧を「人権弾圧」と非難し、米中対立を覇権争いをこえた「価値観の衝突」にまで引き上げている。宗教や人権を擁護する自由主義と、宗教をアヘンと考える共産主義との対立構図を蘇《よみがえ》らせたのだ。

ペンス副大統領はウッドロー・ウィルソンセンターでの演説（2019年10月24日）で、過去1年間の中国が見せた不穏な行動を詳細に述べたうえで、「アメリカは引き続き対中関係の根本的な見直しを追求する」と語った。副大統領は中国がアメリカからの働きかけに拒否する姿勢に、アメリカが断固たる行動をとる必要があることを立証しようとしていた。浮かび上がるのは、既存の世界秩序に挑戦する中国の強権的行動が、この1年で露骨さを増していることだ。

とりわけ、尖閣諸島をめぐる発言は注目される。ペンス氏は尖閣諸島を「日本の施政下にある」とし、中国海警局による周辺への艦船派遣が「連続で60日以上」にわたったと指摘した。東シナ海上空での中国軍機に対する自衛隊機の緊急発進回数が過去最多になるとし、「親密な同盟国である」日本に対し、ますます挑発的になっていると強く非難した。こうした事実は、日本が中国に対して言うべき発言である。トランプ政権の危機感とは対照的な日本による対中融和姿勢への懸念が、ペンス氏による尖閣発言の背景にあるのだろう。

ペンス演説から1週間もたたずに行われたポンペオ演説は、その中国を「レーニンの党が支配し、誰もが共産主義エリートの意思に従って行動しなければならないのか」と批判し、「それは民主主義者が望む未来ではない」と断言した。アメリカ人やヨーロッパ人にとって共産主義イデオロギーは、米ソ冷戦の記憶が呼び起こされ、「敵国」として警戒の対象になる。

トランプ政権にとって中国は、超大国の地位を揺るがす脅威であり、ソ連の後継国家ロシアとの急接近を「これまでは軽視しすぎた」と見る。かつての米ソ冷戦期は、ニクソン大統領が米中ソのうち、もっとも弱い中国を「対ソ封じ込めのカード」に使った。いまは逆に、中国がもっとも弱いロシアを「対米カード」に使おうとしている。プーチン大統領はクリミア半島を併合して米欧から経済制裁を受けると、中国接近に舵を切って「中露枢軸」を形成したのである。

従ってトランプ大統領は、マクロン仏大統領やメルケル独首相と気まずい関係にあろうとも、2019年12月2日からロンドンで開催のNATO首脳会議に出向いて、「中国の脅威と向き合え」とヨーロッパ勢を鼓舞《こぶ》する必要があったのではないか。NATO創設70年、冷戦終結から30年という節目の首脳会議が、初めて「中国の脅威」を協議したのである。

NATOを「古い同盟」「時代遅れ」とけなしていたトランプ大統領といえども、ここは一転して、「同盟の結束」を強調せざるを得なかった。あの米ソ冷戦期の主要舞台が「西のヨーロッパ」であったときでさえ、「東のアジア」で日本や韓国による支援は不可欠であった。政権の高官たちが、出席を渋るトランプ大統領の背中を押したのだろう。

いまは逆に、米中新冷戦の主要舞台がインド太平洋であったとしても、「中国の脅威」に警鐘を鳴らしてNATOを引き込む潮時であると考えても不思議ではない。まして中国との新冷戦は、著名な米外交コラムニストのファリード・ザカリア氏によれば、対ソ冷戦よりもはるかに長い時間と高いコストがかかり、そして結果に不確実性がある。

対中対決戦略を説いたＹ論文

２０２０年4月10日号の米外交誌『アメリカン・インタレスト』に掲載された匿名論文「Ｙ論文」が、日米関係に関心を持つ人たちの注目を集めた。執筆者は日本政府当局者で、論文の表題は「対中対決戦略の効用」と明快に記されていた。

興味深いのは、世界の識者に評判の悪いトランプ外交に対し、現役官僚とみられる執筆者「ＹＡ氏」が実に寛容なことだ。「トランプ外交はひどいが、対中関与政策のオバマ外交よりはマシ」と、日本を軸に現実主義的な外交論を展開した。オバマ政権時代のバイデン前副大統領の当選が、果たして日本の国益にかなうのかという視点だ。

この論文は、中国を力で近隣国を脅迫する19世紀型の国家であると指摘し、これに対してアメリカは、オバマ前政権による曖昧《あいまい》な〝21世紀型外交〟に戻すべきではないと叱咤《しった》している。ＹＡ氏は日本がこれまで、中国の拡張主義的な危険性を米当局に繰り返し警告してきたと強調し、冷戦後の日米同盟は大陸に焦点を絞った対中同盟であるべきことを力説する。

Ｙ論文はアメリカに向けて中国型全体主義の危険性を訴え、再びトランプ以前の楽観的な関与政策に戻るべきではないと主張する。台北、マニラ、ハノイ、ニューデリーのアジアのエリートたちも、アメリカが関与政策に戻るより、たとえトランプ大統領であってもその対決アプローチはさほど悪くはないと、考えているという。

Y論文によると、日本はクリントン政権の甘い関与政策に反対はしなかったが、この路線によって中国が自由民主主義国になるとは決して信じてはいない。対中警戒を表明したブッシュ政権はともかく、次のオバマ政権は、中国に「責任ある利害関係者」になるよう期待する関与政策に逆戻りさせてしまった。案の定、2016年7月、オランダ・ハーグの仲裁裁判所が南シナ海を独り占めにする中国の「9段線」論にクロ裁定を下すと、中国は「紙くず」と拒否した。その1カ月後には尖閣諸島に300隻近い漁船を送り込んできた。

そこで安倍晋三《あべしんぞう》首相は同年11月、ニューヨークに飛び、次期大統領に決まったばかりのトランプ氏との異例の会談に臨んだ。両首脳は翌年2月には、日米同盟の強化によって北朝鮮への圧力を高め、インド太平洋戦略を構築することを宣言にまとめ、中国に対する警告のシグナルを送った。

Y論文は従来の日本外交は「外圧」によって対処してきたが、いまは日本の考え方を巧みに反映させることが可能になったことを強調している。そのうえで、例の「実行はお粗末でも正しい戦略は、着実に実行される曖昧《あいまい》な戦略に勝る」と、中国と対峙するトランプ外交に軍配を上げたのである。

ちなみに日本の外交エリートは、「トランプに戦略はない」とY論文が気に入らないらしい。

YA氏はそんな批判を想定し、バイデン氏も最近の外交誌のエッセーで「中国に対処するもっとも効果的な方法は、アメリカが同盟国やパートナー国との統合戦線を構築し、中国の悪辣《あくらつ》な行動に立ち向かうことである」と論じていると評価している。必要なのは、インド太平洋におけるアメリカの優位性と存在であって、バイデン政権とも協力可能であると強調する。

Y論文を敷衍《ふえん》していえば、国際社会の批判に対する中国共産党の報復行動は異常である。モリソン豪首相が2020年4月、新型コロナウイルスの発生源に関する国際調査を呼び掛けると、中国はすかさず豪産大麦に高関税をかけ、豪企業4社からの牛肉輸入を禁止した。

中国はさらに、カナダをはじめ、インド、ベトナム、モンゴルに対しても露骨な報復を行っている。日本に対しては、尖閣諸島周辺海域に公船を送り込み、奄美大島の接続水域を潜水艦に潜航させた。

米紙編集委員のグレッグ・イソップ氏は、2年前には米中対立だったものが、「中国と先進民主主義国との全面対決の様相」を帯びつつあるとみる。「19世紀型の中華帝国主義と21世紀型の民主主義による価値観の衝突」である。

アメリカとその同盟国に結束と備えがあるかぎり、中国もやすやすとは乱暴狼藉《ろうぜき》を働くことができない。Y論文につけ加えるなら、強権的な習近平政権には戦略的好機を与えず、自由主義国家群が結束を固めることに尽きるのだ。

怒りは回帰不能点に達した

いま、アメリカの対中戦略で語られているもの。英語表現だと「Point of no return」。例えば離陸した戦闘機が、出発点に戻るだけの燃料が尽きてしまう地点を「帰還不能点」という。映画「オペラ座の怪人」では、「もう引き返すことはできない。これが最後の一線」という切ない歌の題名が「ザ・ポイント・オブ・ノー・リターン（回帰不能点）」であった。

それは捨て身の覚悟、不退転であり、狂気の域に達したことを表現することもある。アメリカの戦略家たちはいま、米中新冷戦が先鋭化して、もはや後に引けなくなる状況をこの言葉で表現している。

長い米中貿易戦争の末に、2つの大国は、相互制裁から領事館の閉鎖へと踏み込んだ。米外交界の重鎮、リチャード・ハース外交問題評議会会長は、「中国との瀬戸際へ」として、両国が偶発的な戦争に突入しかねない地平にまで達したことを表現した。

その発端はもちろん、中国の習近平政権がパンデミック後に、新型コロナウイルスの感染源としての弱みを見せまいとして一気に凶暴化したことにある。甚大な感染被害を受けたアメリカがウイルスの荒波にもまれているうちに、これをチャンスとみて自制が利かなくなった。

香港を「制圧」し、ウイグル人を非人道的に扱い、中印国境でインド側を攻撃しただけではない。南シナ海でベトナム船を沈没させ、台湾を威嚇《いかく》し、日本の尖閣諸島への領海侵入を繰り返す。特に北京が糸を引く香港警察が新聞社を急襲して幹部を逮捕するやり方は、米ソ冷戦下のチェコで「プラハの春」を踏みにじったソ連のやり方を思い出させた。

オブライエン米大統領補佐官は習近平主席を「スターリンの後継者」になぞらえたが、そのソ連の戦車はプラハに突入すると、真っ先にメディアを黙らせた。1968年当時、プラハの通信社に踏み込んだソ連兵は4人だったが、こちら香港警察は、香港紙「蘋果日報（リンゴ日報）」の捜索に200人も動員している。

中国が批准書の交換までした「英中共同声明」という条約に違反し、香港国家安全維持法を乱用するのを引き金に、アメリカの怒りは「回帰不能点」あたりに達した。

ジョージタウン大学のマイケル・グリーン教授は、米外交誌で「台湾は次の香港か？」と題して、習主席が「紛争も辞さず、領有権の主張にこだわりを持っていることは明らかだ」と、最大限の警戒を呼び掛けた。近年では、ロシアのプーチン政権による段階的な領土奪取に、西側主要国が何もできなかった悪い先例があるからだ。

プーチン政権は2008年のグルジア（ジョージア）侵攻でさほど批判を受けなかったことを教訓に、2014年のクリミア併合に乗り出した。これと同様に、香港の国家安全維持法に対するアメリカの反応が弱ければ、中国による台湾を含むアジアへの侵略の余地が大きくなる。

従って、グリーン氏は中途半端な政策はとるべきではないと戒めているのだ。いま止めなければ、19世紀型の中華帝国主義と化した「手負いの龍」は増長するばかり――というのが、ワシントンのコンセンサスになった。

ポンペオ国務長官による2020年7月23日の演説は、「自由への敵意は攻撃的である」と、中国の全体主義の行動を見る。ポンペオ長官を含め4人の政府高官が、リレーのように熱戦の一歩手前に至る「冷戦」を宣言している。

特にポンペオ長官は、「中国共産党の最大のウソは、監視され、抑圧され、発言すら脅かされる14億人を代弁しているという主張だ」と述べ、共産党と中国人民とを明確に分けて批判した。

中国は「やられたら、やり返す」という外交鉄則に忠実だ。しかし、米国が8月7日に香港行政長官の林鄭月娥《りんていげつが》氏ら11人に科した制裁への中国の報復は、お粗末な人選であった。

中国は対米制裁措置の対象に、マルコ・ルビオ上院議員やテッド・クルーズ上院議員ら上下両院議員6人と全米民主主義基金のトップら5人の計11人を挙げた。察するに、彼らが香港や台湾問題で中国に批判的な決議案や法案の提案者であり、反中強硬派であるという単純な動機からだろう。

しかし、ルビオ氏やクルーズ氏は2024年大統領選の有力候補だし、全体主義国家からの制裁は「抑圧者と闘う自由戦士」として勲章を与えたようなものだ。制裁対象にはノーベル平和賞を受賞している国際人権団体「ヒューマン・ライツ・ウォッチ」の代表も入るから、中国は恥を天下にさらしたようなものだ。

このところ、アメリカ議会は香港、台湾、ウイグルに関連した対中非難法案を圧倒的多数で可決させており、反中が超党派の合意になってますます勢いづく。トランプ氏に勝利したバイデン大統領がたとえ対中融和姿勢に傾いたとしても、反中路線から脱落できないように仕掛けを埋め込んでいた。

中国共産党内には、米中が金融戦争に行き着けば、ドルを中心とする国際通貨システムから中国が締め出されるのではないかとの不安が広がる。中国は相手が弱ければイジメ抜き、強ければ一歩引き下がる。中国共産党の戦略はいまも歴代皇帝がやってきた領土拡張のやり方と少しも変わらない。しかし、米国が「回帰不能点」を探るいま、それが通用するとは思えない。

第5章

変化する世界秩序

——パクス・シニカの到来か

混迷の起点となった9・11

1989年11月、若者たちがベルリンの壁を破壊し、世界は冷戦の終わりの始まりを見た。米政治学者のフランシス・フクヤマ氏が「歴史の終わり」で民主主義の勝利を謳《うた》い上げ、米欧の自由主義陣営は、ソ連の崩壊で軍事費削減が可能になって、「平和の配当」が転がり込んでくることを期待した。

マイクロソフトのビル・ゲイツ会長らが、旧ソ連からICBM（大陸間弾道ミサイル）のSS18を丸ごと買いとる算段をしていたのも、その配当なのかもしれない。SS18が流出しないうちに100基近くの ミサイルを使って通信衛星を次々に打ち上げ、新たな通信事業に挑戦する壮大な計画であった。

アメリカ核戦力の研究拠点、ローレンス・リバモア国立研究所を訪ねた際も、旧ソ連からレーザー兵器の開発者を引き受け、自由陣営のために役立つ仕事を開始させていた。これが共産主義の行き着いた「歴史の終わり」なのかと得心させられた覚えがある。

冷戦時代を象徴したのは、核兵器やICBMのハードウェアだった。米ソ間で「恐怖の均衡」がほどよく保たれ、どちらも全滅のリスクを冒そうとは思わない。アメリカは、ソ連崩壊後に残る膨大な大量破壊兵器を始末し、研究者たちを囲い込めば、盤石であると考えていた。

だが歴史はそれで終わらなかった。

2001年のアメリカ中枢同時テロ「9・11」は、戦後の自由主義社会秩序を揺るがす起点となった。あのとき、世界貿易センタービルへの航空機激突テロによって世界は一夜にして変わった。当時のブッシュ（子）米大統領は「大国間競争」を一時、棚上げして、アフガニスタンをはじめ国際テロ組織との「非対称戦争」に向かわざるを得なかった。

この年の秋、筆者がアフガンの隣国パキスタンのイスラマバードに入って耳にしたのは、当地の中国大使が各国駐在武官を招き、アメリカ軍の動向を探っていた事実だった。アメリカ軍がこの先、どのくらいアフガン地域に駐留し、どの程度の兵力を失い、どれほど国力を消耗するのか――という長期の見通しだった。アフガン戦争の長期化によるアメリカの疲弊が、中国にとっては有利に働くとの下心だ。

中国は、ブッシュ政権がテロとの戦いにのめりこむことによって、それまでの民主化要求の圧力から解放され、願ってもない展開となった。

中露の台頭

アメリカがイラク戦争後の処理に手間取り、2008年にリーマン・ショックによる金融危機が起こると、秩序の混迷はさらに加速した。中国は「アメリカの衰退」を敏感に嗅《か》ぎ取っていた。中国共産党指導部はこれまでアメリカを恐れ、「国際秩序にいかに適応するか」を考えていたが、「アメリカの衰退」を確信してから、「アメリカ主導による国際秩序をどう変えるか」という方針に転換した。

米外交コラムニストのファリード・ザカリア氏は、新たなチャレンジャーの台頭と、「インペリアル・オーバーストレッチ」（覇権国の過剰な対外関与）の2つによってアメリカの覇権衰退は加速したと指摘している。

中国のほかに新たなチャレンジャーに加わったのが、ロシア、イランなどのリビジョニスト（修正主義）国家だった。

ロシアは旧ソ連時代に失われた地域を取り戻すために2008年にグルジア（ジョージア）に侵攻、2014年にはクリミアを併合した。イランもイラク戦争後にアメリカ軍が撤退した隙《すき》をついて、政治的なパワーを拡大し、サウジを中心としたこれまでのスンニ派諸国による中東秩序の変化を目指した。

当時のアメリカは、中国やロシアを含む「統一された自由なユーラシア」を目指して、いずれはこれらの国々は西欧的な民主主義へと鞍替《くらが》えすると考えていた。

そして「中国は大国となっても、地域支配、ましてや世界支配をもくろんだりはしない」という幻想を抱いた。中国の巨大な労働市場を当て込んで、巨額投資による「世界の工場」を生み出した。経済力で豊満になった中国は、やがて軍事力という筋肉をつける。まるで英国の小説『ガリバー旅行記』に出てくる巨人国ブロブディンナグのように、大きいがゆえに傲慢《ごうまん》になっていく。ニクソン大統領が中国の門戸を開き、対ソ戦略の「チャイナ・カード」に組み込んだはずが、1世代を経て、アメリカに牙《きば》を剝《む》くライバル国家に変貌《へんぼう》した。

晩年のニクソン大統領が漏らした「フランケンシュタインをつくってしまった」とのささやきは、それを象徴しているだろう。中国に経済力を注いでしまったのは、他ならぬアメリカなど先進主要国であったのだ。

ロシアも、「民主国家につくり上げ、西側のパートナーとする」という考えのもとで、G7（先進7カ国）に招き入れてG8（主要8カ国）に改変した。しかし、ロシアの感情に配慮せずにNATO（北大西洋条約機構）拡大を推し進めたことが、ロシアに警戒心と失地回復の動機を与えてしまった。

中国とロシアは急接近し始めた。米バード大学のウォルター・ラッセル・ミード氏によると、多くの研究者は、中露が連携を深めることになることを軽視してきたという。プーチン大統領は長年、ロシアをヨーロッパと中国の間で、独立した大国にすることを外交目標にしてきた。ロシアの緩やかな衰退と中国の急速な台頭を踏まえれば、中国との「連携か孤立か」を選ばざるを得ないところに追い込まれた。そしてプーチン氏は、西側への扉を閉ざす決心をする。

彼らは、ともにカネと力しか信じない。国内統治を優先して人権を抑圧し、アメリカの影響力を弱体化させ、自由主義世界秩序を突き崩すことに共通の利害を持っている。

前述したようにニクソン大統領は米中接近のために、「米中ソ」三角関係のもっとも弱い中国を「対ソカード」に使ったが、いまは逆に、中国がもっとも弱いロシアを「対米カード」に使おうとしている。プーチン大統領は2020年6月の英紙インタビューで、自由主義を「時代遅れだ」と嘲笑《ちょうしょう》して旗幟《きし》鮮明にした。自由主義世界秩序に対抗する中露疑似同盟の成立だった。

ロシアは2016年にサウジアラビアに代わる中国最大の原油輸入国になり、2017年にはバルト海で中露初の合同演習を実施。さらに2018年6月に習近平《しゅうきんぺい》主席がプーチン大統領を「親友」と呼び、同年9月、プーチン大統領はウラジオストクでの大規模演習「ボストーク2018」に3000人規模の中国軍を招いて合同演習を実施した。

同年7月22日に竹島近くの韓国防空識別圏内で、中露の軍用機が日韓の防空能力を探り、韓国軍機がロシア機に3発以上の警告射撃をした事件は、中露枢軸が強化されていることを示す事例だった。

コーツ元米国家情報長官によれば、「ユーラシア大陸の2大国がこれほど接近するのは、1950年代以来のこと」だという。

失われた力

中東におけるアメリカの覇権を揺さぶっているのがイランだ。アメリカが対峙《たいじ》するイランは、人口規模でイラクの2倍、面積で4倍にのぼる中東の大国である。アメリカがイラク戦争を強硬に推し進めた結果、地域にカオスが生まれ、イランの影響力を伸長させた。イランはイラク、レバノン、シリア、イエメンに介入して中東のパワーバランスを大きく変化させ始めた。

もし、イランとアメリカが衝突し、中東地域に戦火が広がれば、過去の経験則からしてアジア太平洋のアメリカ軍基地はガラ空きになる恐れがある。しかし、そこには軍事衝突を「戦略的好機」ととらえる武装組織のほか、何より中国が息を潜めて凝視している。

いまのアメリカは冷戦以降、最大の「戦略的ライバル」との覇権争いに踏み込んでおり、力を分散させるだけの余裕などない。中国と覇権を争うアメリカン・パワーが中東情勢に削がれてしまえば、インド太平洋の秩序は解体してしまう。中国との対決のためには、イランをできるだけ中露との枢軸から切り離し、イランとの軍事衝突を回避しなければならない。

しかし、こうした状況にもかかわらず、オバマ大統領は「世界の警察官」を退くと宣言し、国防予算を大幅に削減し、アジア、中東、ヨーロッパなど世界の主要地域への関与を低下させてしまった。それは、トランプ政権にも引き継がれた。「アメリカ第一主義」を掲げるトランプ大統領は同盟国とさえも亀裂を生み出し、秩序を維持する結束力を大きく削いでしまった。

ジョンズ・ホプキンズ大学のエリオット・コーエン教授は「トランプのアメリカ第一主義は、外交の初心者が犯した間違いではなく、アメリカのリーダーたちが戦後外交の主流概念から距離を置きつつあるという重要な潮流の変化を映し出している」と分析している。

アメリカの「国際協調疲れ」によって、コーエン教授の指摘が徐々に現実の政策となって跳ね返ってくる気配である。アメリカ外交誌『フォーリン・アフェアーズ』に掲載の論文「アメリカの長い別れ——トランプ時代の現実的危機」によると、先の大戦期、またはその直後に成人した世代は、アメリカが世界をリードしなければ、いかに忌《い》まわしい世界が出現するかを本能的に理解していた。これは「戦争で苦しんだ末に得た教訓だった」とコーエン教授は見る。しかし、もはやこうしたアメリカの世代は消え去ろうとしている。

民主主義の司祭を任じるアメリカが活力を失い、代わりに対極にある中国が多国間協調主義のようなフリをしながら影響力を拡大する逆説が起きている。凋落《ちょうらく》する民主主義に代わって、一部では中国の社会主義統治モデルが拡散を始めた。アングロサクソンが巻き終えた「自由主義の旗」に代わって、中国が広げ始めたグローバリゼーションの旗は、彼らを頂点とした「華《か》夷《い》秩序の旗」である。

トゥキュディデスの罠

自由主義の秩序が解体の憂《う》き目にあう中で、米中は衝突に突き進むのか――。米中戦争の蓋《がい》然《ぜん》性を指摘するのは、長く「トゥキュディデスの罠《わな》」の危険性を研究してきたハーバード大学のグレアム・アリソン教授である。

「トゥキュディデスの罠」とは、現行の覇権国が台頭する新興大国との間で戦争が避けられなくなるという仮説を指している。紀元前5世紀に起きたアテネの台頭と、それに対するスパルタの恐怖が、避けることのできないペロポネソス戦争を引き起こしたとする考えだ。

アリソン教授はこれを現在の米中間にあてはめて論じた。

「台頭する国家は自国の権利を強く意識し、より大きな影響力と敬意を求めるようになる。チャレンジャーに直面した既存の大国は状況を恐れ、不安になり、守りを固める。この環境で誤算のリスクが高くなり、相手の心を読めなくなり、普段なら管理できるはずの事柄や第3国の行動が、当事国が決して望んでいなかった戦争を誘発する」（『米中とトゥキュディデスの罠』フォーリン・アフェアーズ）

2017年5月末に発刊された『運命づけられた戦争――米中はトゥキュディデスの罠を回避できるか』（邦訳『米中戦争前夜』ダイヤモンド社）の本の冒頭において、アリソン教授は次のような警告を発している。

「トゥキュディデスの罠を逃れるためには、考えられないことを考え、想像できないことを想像しなければならない。現代の米中両国がトゥキュディデスの罠を回避することは、歴史の弧を曲げるほど至難のわざなのだから」

アリソン教授は過去500年間のヨーロッパとアジアの覇権を研究し、16件で「台頭する国家」が「支配する国家」にとって代わる可能性があったこと、そのうちの12件が実際に戦争に突入していることを明らかにした。米中は互いに望まなくても戦争を起こしかねず、数年後に①南シナ海で米中艦船の衝突、②台湾で独立機運の高まりから緊張、③尖閣諸島をめぐる日中の争奪戦――などが引き金となって、米中が衝突する事態に至ると見通している。ランド研究所の試算では、米中衝突によってアメリカのGDPが5％下落し、中国は25％まで急落すると予測する。

アリソン教授によれば、新興大国には尊厳を勝ち取りたいとの「台頭国家症候群」があり、既存の大国には衰退を意識する「支配国家症候群」が、国際会議などで表面化する。2017年のG20（20カ国・地域）首脳会議では、中国の習近平主席が高まるうぬぼれから影響力の増大を図ったし、トランプ大統領は台頭する中国を恩知らずで危険な存在とみなす傾向があった。

アリソン教授は、アメリカには中国の台頭によって生じた「構造的なストレス」から、偶発的な戦争を引き起こしかねず、現在の軌道では「数十年以内に米中戦争が起こりうる可能性は、『ある』というだけでなく、現在考えられているよりも非常に高い」と指摘している。

その不安に輪をかける形となったのが、武漢ウイルスという疫病だった。

悪魔のウイルス

未知のウイルスの感染パワーは「政治的混乱の予兆」として為政者から忌《い》み嫌われる。確かに人類は聖書の黙示録に言う疫病、飢餓、戦争の災禍に苦しんできた。とりわけ疫病は戦争の行方を左右し、飢餓も招く「悪魔」に違いない。

世界に蔓延《まんえん》した武漢ウイルスは悪魔のウイルスとなるのか。

世界の王朝や政権は歴史上、疫病によって崩壊するパターンが繰り返されてきた。中国でいえば、明《みん》朝末期にはペストや天然痘で1000万人の死者を出し、やがて清《しん》国に敗れる。1910年の満州ペスト流行時には、清朝が対策を口実とする日露の介入を恐れ、6万人の死者を出した。そして1912年、清朝は滅んだ。

中国の為政者が言う「疫病は自力で制御すべし」との教訓はいまも受け継がれている。習主席は訪中したWHO（世界保健機関）のテドロス事務局長に対して、独自の封じ込め策に自信を見せたものだ。

疫病がもたらした歴史の転換

古代ギリシャのアテネとスパルタの間で起きたペロポネソス戦争（紀元前431〜紀元前404年）中に、アテネで疫病が蔓延。市民の３分の１が死亡したとされる。衰退したアテネは敗北した

中国で明朝（1368〜1644年）末期にペストや天然痘で1000万人が死亡。明は新興勢力の清に打倒された。清朝末期の1910年にも満州でペストが流行。６万人の死者を出し２年後に清は滅亡した

第１次世界大戦中の1918年３月、「スペイン風邪」が発生。世界中で5000万人以上、日本でも約40万人が死亡した。同年11月、大戦は終了した

（出典：2020年3月6日付産経新聞「湯浅博の世界読解」より）

それがあの「一夜城」のような武漢の病院建設であり、狂気のような巨大都市の封鎖、感染初期にＷＨＯの専門家の武漢入りを断り、ＣＤＣ（アメリカ疾病対策センター）から支援の申し入れを拒否したことにつながる。

だがウイルスに国境はなく、どんな防疫ラインもすり抜けていく。だからこそ、１９１８年に世界を震撼《しんかん》させたスペイン風邪のパンデミックという惨状を招いた。パンデミックとは新型感染症の世界的な広がりである。

その教訓から第１次大戦後にＷＨＯがつくられ、第２次大戦後にヨーロッパを襲った結核と発疹チフスに対応できた。今回、武漢ウイルスを許したのは、世界の感染症専門家の関与を拒否した全体主義の「中国第一主義」であった。

従って、中国当局が「封じ込め成功」を宣言

しても、それは当局のプロパガンダの疑いがある。感染症の歴史に詳しいローラ・スピニー氏によれば、過去のパンデミックはいずれも一旦収束した後の第2波のほうが大きいからだ。

気になるのは、武漢ウイルスが米中「戦略的競争」という覇権争奪に及ぼす跳ね返りである。アリソン教授が米中戦争の可能性に言及して「トゥキュディデスの罠」に警鐘を鳴らしたが、実はそこで登場するペロポネソス戦争の勝敗もまた、疫病が決定づけていた。

当時の恐ろしい伝染病ペストは、戦争開始から2年目に新興勢力のアテネを襲った。北アフリカから商船に乗った船乗りによって運ばれ、アテネのピレウス港に伝播《でんぱ》した。歴史家は人口の3分の1が病気に倒れたという。現代に当てはめれば、武漢発の新型ウイルスで4億人にのぼる中国人が倒れたことになり、想像を絶する話となる。

アテネ市民は悪魔がペストを設計して政府、社会、文化を破壊しており、一部の人々は何らかの罪に対する神の報いだと考えた。覇権勢力のスパルタは、敵の不幸を自国のチャンスと考え、アテネによる平和への懇願を拒絶した。かくして、スパルタがギリシャ連邦の覇者となって、ペロポネソス戦争は終わる。どこか米中覇権争いの行方を暗示するかのようだ。

米海軍大学の戦略家、ジェームズ・ホームズ氏は、新感染症の蔓延によってアテネに内紛が起きたように、中国共産党内で習近平政権が揺さぶられる可能性を指摘する。中国で武漢ウイルスは沈静化したようにみえても、流行が再発すれば、習氏は逆に党内を引き締め、場合によって目を外にそらすため台湾攻撃の冒険主義に走る危険性もある。

パンデミックの恐怖を招いた武漢ウイルスは、中国の隠蔽《いんぺい》体質や巨大都市を隔離する強権性など「中国モデル」の限界を見ることになった。そして黙示録風にいうと、悪魔ウイルスのパンデミックは諸国家の政変を招くのだ。もちろん、アメリカも例外ではない。

パクス・アメリカーナの終わりなのか

武漢発の新型コロナウイルスは世界を荒廃させ、聖書の黙示録が描く終末論のように人々を不安のどん底に叩き込んだ。それは、パンデミック危機が過ぎ去った後に来る世界秩序の転換を暗示しているかのようである。

自由世界をリードするはずの超大国、アメリカが、武漢ウイルスの波にもがくうちに、中国が一党独裁の強権統治の優位性を声高に唱え始めた。世界経済が大恐慌以来の落ち込みが見込まれる中で、グローバル時代が終わりを迎え、国家への回帰が進む。パンデミックが招いたのは、グローバルな「統治モデルの衝突」の激化だと言える。

アメリカ悲観論の代表は、カート・キャンベル元国務次官補（現・インド太平洋調整官）とブルッキングス研究所のラッシュ・ドシ研究員の観察で、イギリスがスエズ危機によってグローバル大国の終わりを迎えたように、このパンデミック危機が「アメリカのスエズになるかもしれない」と危機感を述べている。

　スエズ運河は地中海と紅海を結び、アジアとヨーロッパ間の最短航路として、イギリスのアジアに対する植民地支配に重要な役割を担ってきた。しかし、スエズ危機を経てエジプトに支配権が移管されると、世界の海を支配したイギリスは急速に力を失い、19世紀「パクス・ブリタニカ」の時代が終わる。

　キャンベル氏らは『フォーリン・アフェアーズ』誌で発表した「ウイルスが世界秩序を変容させる」と題した論考で、次のように述べている。

「世界のリーダーとしてのアメリカの地位を支えてきたのは富とパワーだけではなく、危機に対するグローバルな対応をまとめあげるリーダーシップだった。しかし、今回のパンデミックはこの3つの要素をすべて試練にさらし、ワシントンが危機の対応に失敗したことを露呈した。北京はアメリカの不手際の空白を埋め、パンデミック対応でのグローバルリーダーとして自らを位置付けてみせた。北京がリーダーシップを発揮できたとみなされ、ワシントンがその能力も意思もないようにみなされれば、国際政治におけるアメリカの地位と21世紀のリーダー争いを根本的に変化させることができると北京は理解していた」（要約）

　そしてパンデミックをスエズ危機に見立て、「パクス・アメリカーナ」の終わりを見ているのである。

軍事行動の誘惑にかられる習近平

ロナルド・レーガン大統領は冷戦のさなかに、この地球がエイリアンに侵略された場合には、国家間の争いは消滅すると主張した。しかし、レーガン大統領は「楽観過ぎた」と英紙『フィナンシャル・タイムズ』の外交評論家、ギデオン・ラックマン氏は指摘する。中国共産党はアメリカがこのパンデミック危機にいかに脆弱《ぜいじゃく》であるかをかぎ分けたからだ。

アメリカは全体主義の中国モデルと違って、トーマス・ジェファーソンが起草した独立宣言によって、自由・平等・幸福の追求が天賦《てんぷ》の権利として守られており、パンデミックの封じ込めにはこれら3つを抑制しないと克服できない悩ましさがある。逆に、ここ数十年の間、アメリカを席捲《せっけん》していたのは、政治に束縛されない資本主義による繁栄であった。

しかし、「パンデミックの呪い」は理念の共和国がつくった天賦の権利とは無縁の存在である。そのリスクは、病に侵され、目の前で愛する人の命を奪い、医療システムが崩壊することもありうる具体的で身近なものだ。財政の負担は、すでに第2次大戦レベルの連邦支出の急増を招き、アメリカの医療保険の不足を突いて拡散し、アメリカ社会を根底から揺るがすことになった。しかも、労働者の10人に1人が失業に追い込まれた。大量失業が現実化し、財政を圧迫し、国防力も弱体化させてしまう。

西太平洋に前方展開している2つの空母打撃群の中から感染者が続出した。いまなお、世界最強のアメリカの軍事力とはいえ、ウイルスの脅威に対してはまったく歯がたたないことを実証してしまった。

アメリカの政治指導者たちは、すべての資源を武漢ウイルスの制圧に注ぎ込み、他を顧《かえり》みる余裕がなかった。仮に中国人民解放軍が東シナ海や南シナ海で軍事行動を起こしても、武漢ウイルスはアメリカ軍を弱体化させ、反撃を遅らせる可能性があった。しかも、中国国内の反習勢力による揺さぶりや、ウイルス感染への取り組みに不満を募らせる大衆の不穏な行動、さらにこの機会を逃すと「中国の夢」の実現が危ういとなれば、習近平主席は軍事行動の誘惑にかられる可能性がある。

アメリカ政府支出の赤字は、2008年のリーマン・ショック時の2倍以上にのぼっており、当時のゲーツ国防長官は2009年の国防費削減に追い込まれた。これがアメリカ海軍の艦船計画を狂わせ、国防費を聖域化している中国の南シナ海への進出を許した一因にもなった。従って、パンデミック後の国防総省の最初の動きは、最低限の抑止力を維持しながら、無駄と非効率に対する戦いが何よりも優先されることになる。

決定的となった分断

パンデミックの襲来が過ぎたとき、次に世界に拡散していくのは、中国の一党独裁システムなのだろうか。アジア協会政策研究所のネイサン・レバイン研究員は、偶発戦争が全面戦争に至れば、アメリカの相対的な後退により、「中国の世紀の始まりになる」と警告する。

自由主義国家の間には、中国がアメリカを凌《しの》いで、その影響力を世界に広げるとの警戒感が広がりつつある。これまでのアメリカは、国家安全保障に不可欠な重要品目を何十年もかけて中国に技術移転し、または盗まれて、製造分野でどっぷりと中国依存システムができ上がってしまった。

しかし、中国共産党政権が世界の人々の多くを死に至らしめ、経済社会を大混乱の中に陥れた責任は免れない。ウイルスを世界にばらまきながら、救援のための医療チームを差し向けられても、その罪は消えない。パンデミック危機が炙《あぶ》り出したのは、詫《わ》びるどころか恩に着せようとする中国共産党の欺瞞《ぎまん》と抑圧と保身だったからである。

彼らがパンデミックの呪縛《じゅばく》からいち早く逃れても、西側主要国によるサプライチェーンの一部分断により、経済苦境に陥るのは避けられない。日本やアメリカを含む多くの国で、進出企業の母国回帰や東南アジアへのシフトが起きている。中国から他の途上国へ設備投資を移す従来の「チャイナ・プラス・ワン」は、賃金の上昇など経済の論理で語られてきたが、武漢ウイルス禍の教訓は、安全保障の論理で考えざるを得なくなってきた。

特にパンデミックを通じて命にかかわる医療機器、情報技術、防衛技術のサプライチェーンは、自立への再編が加速して米中デカップリングが現実味を帯びてくる。欧米諸国は屈辱の中で、再び反転攻勢に力を結集することになり、やがては、国際機関の再編にまで突き進まざるを得ないだろう。確かなことは、西側諸国と中国との分断が、この危機によって決定的になりつつあったということである。

自由の前哨地を守れ

自由世界はいま、対ソ冷戦時代よりもはるかに危険で複雑な安全保障環境の中にある。とりわけ、インド太平洋で起きている中国と周辺国との摩擦、威嚇《いかく》、衝突は、この10年に起きているパワーシフトに起因している。この地域をいかに守るかが、米中覇権競争の行方を占うことになる。

米外交政策研究所の地政学者、ロバート・カプラン氏は米紙で、「中国による香港弾圧と南シナ海への侵略、その次に来るのは台湾である」と警戒感を示している。台湾は米ソ冷戦中の西ベルリンのように、全体主義の中国本土に対抗する「自由の前哨地《ぜんしょう》」であり、アメリカには断固として守るべき道徳的責任があると強調する。

冷戦下のベルリン西側地域は、ソ連占領地域に離れ小島のように存在し、生活必需品のすべてを鉄道輸送に頼っていた。ソ連が1948年6月にベルリン封鎖に踏み切ると、市民らはとたんに飢えに直面することになる。

当時のベルリン市長の息子でダイムラー・ベンツ社の元会長、エッツァルト・ロイター氏は、かつて筆者に「ヒトラー独裁の悪夢からさめた人々が窮乏に耐えてでも、再びスターリン独裁に甘んじることを拒絶した」と語った。その決意をみたトルーマン米政権は、輸送機の撃墜を覚悟して西ベルリン市民235万人に対する大規模な空輸作戦を断行した。

この空輸作戦は、かえってアメリカの威信を高め英仏も合流して西側を結束させた。1949年に西側の軍事同盟であるNATOができると、ソ連は封鎖を解かざるを得なくなったのである。

ベルリン市民がスターリン独裁を拒否したことに、カプラン氏は台湾市民が習近平独裁にノーを突き付けたことを重ね合わせる。アメリカに対しては、中国と取引ができるという幻想をやめ、「強固で疑う余地のないパワーバランスの回復」を求めるのだ。

台湾から南シナ海に目を転じれば、アメリカは中国をこれまでの「戦略的競争相手」という定義から、ギアを1段上げて「戦略的脅威」とみなし、動きを加速させている。特にトランプ政権のポンペオ国務長官が声明で、南シナ海を独り占めしようとする中国の主張は「完全に違法である」という判断を示し、「中国が南シナ海を自らの海洋帝国として扱うことを世界は許さない」との決意を伝えたことは、まるで「アメリカをなめるな」と啖呵《たんか》を切ったかのようだった。

中国はアメリカ軍の意思と能力を見くびらないほうがよい。米中対立がここまでくると、衝突は偶発的に起こるかもしれず、ときには中国の「脆弱性《ぜいじゃく》」を突くこともありうる。

アメリカを代表する戦略家の一人、ジョージ・フリードマン氏は、中国が南、東シナ海に面した東海岸の海上輸送路だけに依存する事実を「この絶望的な脆弱性」と表現する。中国のGDPの20％は輸出から生み出されるからだ。周知の原油輸入は、ロシアや中央アジアからのパイプラインに振り替えても、まだ5割以上を海上輸送に頼るから、この海域を封じられると経済が立ち行かない。

アメリカ海軍が2020年7月に行った2つの空母打撃群による軍事演習は、誰が海洋の支配者であるかを示すものだった。アメリカ海軍は数日間、「ロナルド・レーガン」と「ニミッツ」の2つの空母打撃群と軍艦4隻を南シナ海に派遣し、近年では最大級の演習を行った。さらに、同月、中国による南シナ海ほぼ全域での主権の主張は「違法」であるとのポンペオ声明を受け、再び南シナ海で異例の軍事演習を決行した。

改めて、アメリカが日本、台湾、フィリピン、オーストラリアまでをつなぐ西太平洋を支配していることを見せつけたのだ。アメリカ軍はいざとなれば、同盟国と協調して攻撃型原潜、航空兵力を投入して、中国のタンカー、コンテナ船の航行を遮断させることもできる。この「オフショア・コントロール」作戦により、すべての港が東海岸に面している中国は、迂回路《うかい》を設定できずに深刻な経済危機に陥ってしまう。

手負いの龍が持つ攻撃性

過去のパンデミック危機を振り返っても、未知のウイルスは国家間にある既存の緊張を悪化させる傾向にある。習近平政権は、新型コロナウイルス処理のまずさから拡散を許し、内外の批判にさらされた。中国共産党という「手負いの龍」は、自らの弱みを見せまいと、周辺国に対してますます凶暴さを増してくる。

元米国防次官補代理のE・コルビー氏と元国務次官補のA・ミッチェル氏は米紙で、歴史上、力を増す国が「支配への道」を閉ざされると、攻撃的になる事例が多いと指摘する。20世紀初めのドイツは、経済成長と影響力の拡大への道を追求しながら果たせず、結果的に軍拡競争に手を染めて第1次大戦の悲劇を生み出した。

両氏は「いまの中国が似たような道を選ぶことを示す悪い兆候がある」と見て、いくつかの提言をする。それが、台湾や同盟国に対する中国の攻撃を思いとどまらせるため、西太平洋でより強力な戦力を展開することであり、中国に依存するサプライチェーンからの脱却を図ることなどだ。

コルビー氏らは、「アメリカとその同盟国は、中国と対峙せずして自国の利益を守ることはもはやできない」と言い切る。そして、中国を封じ込めるには「いま代償を払うか、後から払わせられるか、のどちらかしかない」と、自らと同盟国に覚悟を求めている。

アメリカ議会は2021年1月1日、中国に対抗する「インド太平洋抑止イニシアチブ」に約22億ドルを拠出することを決定した。ベルリン空輸作戦に見る西側の結束のように、日米はヨーロッパ、東南アジアを巻き込み、パンデミック危機を中国に対抗する戦略的転機とすべきである。

アメリカは衰退しない

過去、繰り返し浮上してくるアメリカ衰退論に対して、一貫して反論を展開しているのがハーバード大学のジョセフ・ナイ教授だ。

アメリカ衰退論は1990年代のブッシュ大統領（父）の時代にすでに繰り返し議論されていた。ブッシュ大統領（父）の任期後半は湾岸戦争で始まり、経済の失速で終わったと言える。

イェール大学のポール・ケネディ教授は米紙『ウォール・ストリート・ジャーナル』に寄せた論文で「歴史上、戦争によって自信を回復した国で、衰退を避けた国はない」と警告した。しかしブッシュ大統領（父）はこのとき、衰退論をひそかに意識しつつも、冷戦後の新たなアメリカの使命に燃えていた。ちょうどこのころに、アメリカ衰退論に対抗して登場したのが、ジョセフ・ナイ教授の「不滅の大国論」であった。

いま、再びナイ教授は「アメリカの対中優位は変わらない」と、中国による世界支配「パクス・シニカ」の主張に反駁《はんばく》している。

ナイ教授は２０１７年秋の中国共産党大会で、習近平国家主席が新皇帝になったという人がいるが、それは本当かと問いかける。確かに習近平主席は、中国を「偉大で強力な大国」と呼び「一帯一路」構想を世界にあまねく売り込んだ。かつてアメリカは世界最大の貿易国であり、債権国だったが、今日では、中国が最大の貿易相手国である国は１００カ国以上あり、アメリカのそれは57カ国にとどまっている。さらに中国はインフラ投資に10年間で1兆ドルを融資する計画である。以上によって、中国が地政学上のゲームに勝利しているというのは本当だろうか、とナイ教授は問題を提起する。

ナイ教授の主張はアメリカと中国が持つカードを見れば、「４つの重要なエース・カード」を持ったアメリカに賭《か》けたほうが得だというものだ。具体的に紹介してみよう。

「第1のカード」はアメリカの持つ地政学的な優位性である。2つの大洋と親米国に隣接しており、ヨーロッパ大陸の争いやアジアの係争地域とは距離を保つことができた。逆に中国は14の国と国境を接し、インド、日本、ベトナムとの領土紛争を抱える。さらにアメリカは数多くの同盟国とパートナー国を持つのに対し、中国はパキスタンと北朝鮮しか同盟らしきものはない。あとは弱小の独裁国家を経済援助によってひきつけているにすぎない。

「第2のカード」は、シェール革命によってアメリカがエネルギー輸出国になったことだ。IEA（国際エネルギー機関）は、向こう10年のうちにアメリカがエネルギー自給を達成するという見通しを明らかにしている。ところが中国は、石油輸入を中東に依存する度合いがますます高まっており、輸入する際にはアメリカ海軍がプレゼンスを持つ南シナ海を通過しなければならない。中国がこの弱点を克服するには、アメリカ海軍との対立を回避するか、ロシアからの天然ガス供給を増やすか、再生エネルギーの道を拡大するしかない。

「第3のカード」は貿易である。冷戦時代のロシアと違い、現在の米中関係は相互に依存している。一説には、米中は核の均衡のように経済の「相互確証破壊」があるため、互いに争いを慎重にさせている。ただし、均衡が崩れると、中国の依存度のほうがアメリカより高いため、失うものも大きい。

「第4のカード」は基軸通貨のドルの強さである。世界各国が保有する外貨準備は64％がドルで保有されているのに対して、人民元は1・1%しかない。人民元は2016年にIMF（国際通貨基金）のSDR（特別引き出し権）を獲得して、ドルに代わる第5の通貨の誕生として注目された。しかし、実際には人民元による国際決済は2015年の2・8%から、1・9%に縮小したのである。中国が信頼を獲得するには公正な政府、法の支配が必要であるが、それらをすべて欠いている――。

ナイ教授はアメリカがソフトパワーを一時的に失ったとしても、これらの「4つのカード」はその後も続くと考えている。この場合のソフトパワーとは、強制や金銭に頼らずに人々を魅了する力のことで、文化や民主主義の価値、政策で決まってくる。

アメリカ外交の論客、ファリード・ザカリア氏もまた、アメリカン・パワーの衰えが指摘されているとはいえ、「帝国末期のイギリスとは違って、アメリカが財政的に破綻《はたん》しているわけでも、手を広げ過ぎているわけでもない。依然として、地球上でもっともパワフルな国であるし、他のいかなる国よりも圧倒的な影響力が行使できる」と米誌で指摘している。

アメリカの最大の強みは自由主義、民主システム、法の支配、多様な文化などリベラルデモクラシーの理念にある。そのことを同盟国は忘れるべきではない。理念が存続する間は、アメリカは衰退せず、秩序の変化は起こらない。

第6章

結束し封じ込めよ

——インド太平洋　覇権の争奪

価値観の対決が始まった

民主主義の弾圧の象徴ともなった香港の混乱は、2019年4月に香港立法会（議会）が身柄を拘束した容疑者の中国本土への引き渡しを可能にする「逃亡犯条例」改正案の審議を開始したことから始まった。同年6月には主催者発表で100万人を超える大規模デモが発生。当初は米下院議長の言う「美しいデモ」であっても、警察の攻撃的な行動が伴うと、集団の暴力性が一気に覚醒《かくせい》される。

アジアのハブ空港である香港国際空港が2019年8月5日に行われたゼネストで約250便が欠航になったのをはじめ、日を追うごとに大規模デモに膨れ上がった。香港人たちは空港を麻痺《まひ》させることで国際社会を巻き込み、情報が遮断される中国市民にも口コミで伝わることを狙った。

すると中国当局がこれまでの慎重な姿勢を一変させ、香港デモの参加者を「テロリストだ」と決めつけた。軍の指揮下にある武装警察部隊の集結をちらつかせながら、武力介入の意思を見せ始めた。空港の乗っ取りは、当局が秩序を維持する能力を失ったと判断されるからだ。

米欧の識者が例に出したのは、1956年に首都ブダペストで発生したハンガリー事件だった。この動乱もまた香港と同様に指導者を欠いたままモスクワによる支配への抗議活動として始まった。デモ隊に対する警察の攻撃が暴力を誘発し、同年11月4日のソ連戦車の侵攻を招いてしまった。

ハンガリー事件も、1968年のチェコ事件も、そして1989年の天安門事件もまた、一党独裁国家によって引き起こされた悲劇であった。

天安門事件の場合は、天安門広場に集まった学生の民主化要求に対して、党が共産党機関紙、『人民日報』の社説で「動乱である」と決めつけた。

中国当局は香港デモを「テロ」と位置付けただけに、同じ軌道をたどるのではないかという懸念が国際社会に高まった。

しかし、中国は老獪《ろうかい》に事を進めた。2020年に入り、武漢ウイルスの発生対応で国際社会の注目がそがれると、その間隙《かんげき》をつき5月の全国人民代表大会（全人代）で「香港国家安全維持法」（国安法）の導入を決定。そして翌6月30日には、全人代常務委員会は国安法を全会一致で成立させ、一気に香港の「制圧」に乗り出したのだ。国安法は香港での国家の分裂や政権の転覆、テロ活動、海外勢力と結託して国家の安全に危害を加えるなどの行為を処罰する内容である。そして治安維持の出先機関「国家安全維持公署」が香港に新設された。1997年、香港返還にあたり、中国はイギリスに対して50年間、香港の高度な自治を認める「一国二制度」を続けると約束した。それをまるで紙くずのように反故にし、香港の「自由」を骨抜きにしたのだ。

香港では現在、言論や集会、デモが封じ込められ、中国への忠誠を強制されている。国家安全教育が推進され、チベットや新疆《しんきょう》ウイグルと同様に、いわゆる「香港人の改造」が始まっている。

危機感を強めたアメリカは7月、「香港自治法」を制定して、「高度な自治の抑圧」に関与した中国当局者や金融機関に対して制裁を科すことを決めた。トランプ大統領は「香港の人々の自由と権利は（中国によって）奪われた」と述べ、「中国に責任を取らせる」と言明した。

そしてポンペオ国務長官は同月、カリフォルニア州ニクソン大統領図書館で、「中国共産主義と自由世界の未来」と題した演説を行い、「自由世界は専制政治に打ち勝たなくてはならない」と対決姿勢を表明した。

香港をめぐる衝突は、単に中国と香港の「一国二制度」の崩壊というだけではなく、全体主義と自由主義という「価値観の対決」に政治的ステージが上がったことを意味した。

台湾を守れ

台湾の人々は習近平《しゅうきんぺい》政権による香港への仕打ちから、「一国二制度」のまやかしを確信するようになっていた。それは独立志向の強い蔡英文《さいえいぶん》総統の支持率を押し上げ、2020年1月総統戦での大勝利につながった。

香港を「制圧」した中国の目はいま、台湾に注がれている。軍事的威嚇《いかく》に加えて、海峡間対話メカニズムの停止や中国人観光客の制限、台湾と外交関係のある国への圧力、国際機関へのオブザーバー参加の拒否などによる締め付けが強化された。

その1つが「断交ドミノ」と呼ばれる台湾の孤立化戦略だ。台湾と外交関係を持つ諸国へのいじめや賄賂《わいろ》攻勢による締め上げで外交関係を断絶させ、台湾を外交空間から追放するというものだ。2017年以降、中国はパナマ、ドミニカ、エルサルバドルなどの中米・カリブ海諸国を相次いで切り崩し、2019年9月には南太平洋のソロモン諸島とキリバスを台湾と断交させることに成功した。台湾を承認している国は、もはや世界で15カ国のみ。蔡英文政権発足時の22カ国から3年半の間に7カ国も減少した。

さらに中国は艦船や航空機の行動を活発化させ、軍事的威嚇を強めている。2020年6月以降、中国軍機による台湾南西部の防空識別圏への侵入は常態化するようになった。台湾海峡の中間線を越えた中国軍機は過去30年間で最大になった。さらに台湾海域を航行した中国の艦艇も1年間で1000隻を超えるほどになった。もはや台湾海峡は一触即発の状態だ。

台湾はアメリカにとって「対中封じ込め」のカギを握る。日本列島からフィリピンに連なる「第1列島線」上にあり、中国海軍が東へ移動する際の防波堤の役割を担う。もし、台湾が中国の支配下に置かれれば、西太平洋におけるアメリカの防衛体制は突き崩されてしまう。

オバマ政権時代は、過度の自制から台湾に対しては小規模な武器の提供だけで、戦闘機や潜水艦の供与に踏み切ることができなかった。2期目の4年間で、武器売却を承認した事例はわずか1回にすぎない。

しかしトランプ大統領は就任直前に40年ぶりに台湾のトップ、蔡英文総統との電話会談を実現させたほか、すかさず早期警戒システム、戦闘機部品など17億5000万ドルの武器を供与することで合意し、民主党のオバマ前政権との違いをみせた。4年間の任期中の武器売却は10回に及び、「M1A2エイブラムス戦車」(108両)、F16(66機)、対艦ミサイル「ハープーン」(400発)、空対地ミサイル「SLAM-ER」(135発)など、総額は約180億ドルにのぼった。

アメリカ議会も動きを加速させた。「台湾旅行法」を制定(2018年3月発効)し、政府間のあらゆるレベルの人的交流を可能にした。2020年8月のアザー厚生長官の訪台は、同法が成立してから初めての高官派遣となった。

同年3月には「台北法」(台湾同盟国際保護強化法)を成立させた。これは、外交、国際参加、経済貿易の分野で台湾の国際的な地位の向上を支援することをアメリカ政府に求めるもので、安全保障や繁栄を阻害する国家との接触の見直しや、台湾が国際組織に加盟したりオブザーバーとして参加できることの支援のほか、台湾と関係を断絶する国に対しては経済・軍事支援を控えるようにする。

議会の超党派諮問機関「米中経済安全保障調査委員会」の中国情勢をめぐる年次報告（2020年12月公表）では、中国が手段を選ばずに台湾の統一に動く可能性を指摘。「中国の台湾統一がアメリカの安全保障上の利益に及ぼす影響について、早急に議論すべきだ」と述べ、対台湾窓口機関「AIT（アメリカ在台協会）」の台北事務所長（大使に相当）を一般の大使職と同様に大統領が指名し、上院が承認することなどを要請した（事務所長は国務長官が選び、上院の承認は不要）。

アメリカのアジア再保証戦略

アメリカの対中圧力の柱となっているのが、政府・議会が一丸となって推進するアジア太平洋構想に基づいた「再保証戦略」の断行であろう。その裏付けとなる「ARIA（アジア再保証推進法）」は、上下両院が全会一致で可決し、トランプ大統領が2018年12月31日に即時署名した。政権が安易な取引や妥協ができないよう議会が条文のいたるところに、「should」、つまり「～すべきである」との義務的な表現を多用しているのが特徴だ。従って、習主席にとっては、アメリカが対中包囲網をジワジワと拡大したものと映るだろう。

トランプ政権の対中圧力

ＡＲＩＡは、中国がアメリカの築いた自由主義秩序に挑戦する覇権国家であることを指摘し、「同盟の強化」を求めている。その第1に、日米同盟を挙げたのは当然として、インドに対しても「同盟国並みのレベルに引き上げる」と明記し、ＡＳＥＡＮ（東南アジア諸国連合）についても「戦略的パートナーに格上げ」して関係強化を求めた。

台湾に対しては、武器売却と政府高官の訪問を挙げて、文字通り「再保証」を表明している。しかもＡＲＩＡは、「台湾への武器供与の終了期日を定めない」など、かつてレーガン政権が台湾に約束した「6つの保証」まで復活させている。

6つの保証とは、①台湾への武器供与の終了日を定めない、②台湾と中国との交渉を仲介しない、③中国との対話を行うよう台湾に圧力をかけない、④台湾関係法を改正しない、⑤台湾の主権に関する立場を変えない、⑥台湾への武器売却に関して中国と事前協議を行わない――などになる。

ARIAはインド太平洋の地域戦略としてアメリカ政府、議会が共通の立場で取り組む指針になった。ホワイトハウスによる2017年12月の『国家安全保障戦略』や、国防総省による2018年1月の『国家防衛戦略』、同年3月の台湾旅行法、8月の国防権限法などのベースとなり、2019年6月に発表された『インド太平洋戦略報告』(国防総省)、11月の『インド太平洋戦略報告』(国務省)へとつながっていく。

変身した蔡総統

習近平国家主席はトランプ大統領のARIA署名から2日後の2019年1月、「台湾同胞に告げる書」の40周年記念式典で、台湾統一が「新時代における中国の夢を実現するうえで不可欠だ」と踏み込んだ。台湾統一が「中国の夢」の戦略目標に掲げられ、一国二制度の具体化に向けた政治対話を台湾の人々に迫った。そのうえで、台湾独立勢力に対して「武力行使も放棄しない」と断言した。

蔡英文総裁は台湾のトップ・リーダーに上り詰めて以来、中台関係をあくまで「現状維持」の大枠にとどめていた。オバマ前政権に同調して中国を刺激、挑発しないよう「台湾の独立」を封印し、他方で中国のいう「1つの中国」原則を認めない姿勢を示してきた。この曖昧《あいまい》な姿勢が独立派から疎《うと》んじられ、他方、中国からは原則を認めるよう求められて、双方から挟み撃ちの状態であった。

ところが、習近平主席の40周年記念式典の演説以降、それまでの慎重な姿勢から一転し、公の場でも独立色の強い言葉を用いるようになった。6月26日のフランス通信AFPのインタビューでは、何かが吹っ切れたかのように対中政策と台湾人の意識を明確に定義づけた。中国による台湾主権に対する挑戦に対する台湾のボトムラインとして、第1に民主主義と自由を掲げ、第2に台湾の主権は尊重されねばならず、第3に台湾人は自らの将来を決定する権利を持っている——と述べた。

特筆すべきは蔡総統が、中国の影響力拡大に直面するのは「今日は台湾かもしれないが、明日は他の国かもしれない」と世界に呼びかけたことだ。日米豪印などインド太平洋戦略を築くパートナー国を念頭に、中国の覇権拡大をともに最小化することを求め、自由な台湾は2400万人の台湾住民が決定する権利を有していると明言した。とりわけ印象を強くしたのは、中国からの圧力に「国の威信と主権」を保持しつつ、中国との間で「平和な関係」を維持すると踏み込んだことである。

蔡総統が「現状維持」から踏み出し、より強く「台湾独立」に傾斜した姿勢を示したのは、このときが就任以来初めてなのではないか。有権者はそれまで、蔡総統の「現状維持」政策を評価しながらも、より強く「台湾人意識」を出さないもどかしさを感じていたのもまた事実だった。台湾海峡をめぐる中国との軋轢《あつれき》は、ますます強まることはあっても弱まることはない。高まる中国との緊張の中で、台湾と蔡総統は過酷な覚悟を決めたといえる。

誰が覇者になるのか

日米をはじめとする国際社会も、台湾が自由、民主主義、そして法の支配を掲げるかぎり、台湾独自のアイデンティティを支援すべきである。全体主義国・中国の地域覇権の拡大を阻止する安全保障の枠組みとして、「インド太平洋戦略」の構築がその切り札になるだろう。

もともとこの地政学的な概念は、安倍首相が2007年にインド議会で、インド洋と西太平洋を指して「2つの海の交わり」と演説して〝軍拡病〟が治らない中国を牽制《けんせい》するものであった。

安倍首相は演説で、「日本とインドが結びつくことによって、拡大アジアはアメリカやオーストラリアを巻き込み、太平洋全域にまで及ぶ広大なネットワークへと成長する」と述べ、対中戦略の外郭を示した。

実はこの概念が論じられたのはずっと古く、17世紀ムガール帝国の王子、ダラ・シーコ（Dara Shikoh）からである。インド洋と西太平洋は、インド、マレー、中国、日本の商人たちによって、インドと中国を交易で結びつける1つの海であった。18世紀にイギリスで産業革命がおこると、植民地主義の時代を経て、まさにこのとき、いったい誰がインド太平洋の覇者になるかの争奪が始まったのだ。

近年は、国力を急速に伸ばす全体主義の中国が、「アジアの覇者」への名乗りを上げた。2012年に中国が「海洋強国」を掲げて以降は、強大な軍事力を背景に膨張主義の野心すら隠すこともなくなった。このまま中国の一方的な膨張を許せば、戦後の国際秩序は崩壊するだろう。そこで安倍首相は、これ以上の無法な膨張を抑止するため、ダラ・シーコの「インド太平洋」という戦略的枠組みを蘇《よみがえ》らせたのである。

同じ2012年12月に発足した第2次安倍政権の「地球儀を俯瞰《ふかん》する外交」とは、その東シナ海や南シナ海で膨張主義をとる中国を封じつつ、いかに抑止力を構築するかにあった。それは「遠交近攻外交」と呼ぶにふさわしい。価値観を共有する遠い国と手を組み、近くの敵に2正面や3正面の作戦を強いることを狙いとする。安倍政権は中国との国境線を持つインドや

ASEAN、同じ価値観を有するオーストラリアと協調して、中国が海洋に出にくい仕組みをつくろうとした。

日米同盟は「インド太平洋構想」の土台にあたる。その耐震性を高めるためには、ユーラシアの大陸国家群を分断して中国を抑制しなければならない。特に安倍首相は、中国の「力による支配」に対抗して「法の支配」を際立たせ、自由主義デモクラシーの価値観の拡大を目指した。

アクト・ウエストを

安倍首相は海洋アジアとの結束を固めるために2017年1月に就任した直後のトランプ大統領に対して、「アクト・ウエスト」を明示的に求めた。オバマ前政権はアジア再均衡化の「リバランス」を掲げながら、それに見合う十分な行動が伴わずに、中国に南シナ海の人工島造成と軍事化を許してしまった。トランプ政権に対しては、口先だけの「ルック」ではなく、抑止行動が伴う「アクト」が重要になることを訴えた。

リバランス論を打ち出したのは、当時の国防次官補で、バイデン政権のインド太平洋調整官であるカート・キャンベル氏である。オバマ大統領はこのアジア回帰をくみ上げながら、実行が貧弱であった。従って、バイデン大統領に求められるリーダーシップは、レトリックと行動の一致である。かつてレーガン大統領はベルリンの壁を破壊すると宣言し、実際に起きた壁の崩壊によって、信頼度が高まった。政権の背骨には、鋼鉄の如き信念が通っていて、政権発足から最初の100日間を経て、実行力のある政権が顔を見せることとなった。

さて、米中激突の場となったのは、2017年11月ベトナム中部ダナンで開催されたAPEC（アジア太平洋経済協力会議）の関連会合だった。そこで、中国の習近平主席が「一帯一路」構想の実利で磁場を広げるのに対して、巻き返しを狙うトランプ大統領が、「インド太平洋」戦略を掲げて火花を散らした。それはまさしく、誰がインド太平洋の覇者になるかの争奪戦のようであった。

トランプ大統領は演説で、古代中国の王朝に反抗したベトナム人、チュン姉妹の悲劇を語り、米国の第2代大統領ジョン・アダムズが、アメリカを象徴する言葉として「永遠の独立」を挙げたことを語った。それはすべての国に共通する祖国愛であることを指摘し、ベトナム人はそれが漢の横暴な支配と戦ったチュン姉妹によって目覚めたと述べた。そして、それぞれの国には愛国心、繁栄、誇りがあり、「自由で開放的なインド太平洋を選択すべきだ」と結んだ。トランプ氏は「自由で開かれたインド太平洋というビジョンを共有できるのは誇りである」と、アジアに関与し続ける姿勢を明らかにし、法の支配、個人の権利、航行の自由という3原則を示したのだった。

聞きようによっては、漢の後継国家である中国に抵抗するベトナムを比喩《ひゆ》的に語っており、「インド太平洋」という地政学的概念を多用して、中国による地域覇権の野望を打ち砕く意思に思えた。

しかし、APEC参加の指導者たちは、トランプ大統領によるアジア関与の本気度を探っていた。トランプ大統領がTPP（環太平洋戦略的経済連携協定）に代わる多国間ビジョンがないまま、2国間協定にこだわり続けたからだ。トランプ大統領は「オズの魔法使い」の主人公ドロシーのせりふを引いて、習政権の「一帯一路」構想を皮肉り、「世界には多くの場所や多くの夢、そして多くの道路がある」と述べたが、まばらな拍手を受けたにすぎなかった。APECに参加する小国にとっては自国の生存と繁栄のためにアメリカが頼りにできなければ、いやでも中国が主導する「一帯一路」というバンドワゴン（時流）に乗るしかない。習近平主席が演説で「人類運命共同体の構築」を謳い上げ、スタンディングオベーションを受けたのとは対照的だった。

本格化するインド太平洋戦略

トランプ政権の「アクト・ウエスト」の基本的な骨格が現れたのは、2017年12月の『国家安全保障戦略』からだった。この中で、中国とロシアを、自由主義社会を阻害する「修正主義」と位置付け、軍事的脅威を指摘した。そして日米豪印の安全保障分野での連携強化を訴えた。2018年7月にはポンペオ国務長官が「インド太平洋経済ビジョン」と題した講演で、アメリカはインド太平洋に関与し続けることを表明。さらに10月にはペンス副大統領が対中政策に関する講演で、「自由で開かれたインド太平洋」の構想を前進させるために、アメリカ軍を再編し、インドからサモアまで地域全体で価値観を共有する国々との間に強固な絆を築くと述べた。こうしてアメリカの「インド太平洋戦略」は本格化することになった。

安倍政権と協調行動をとったのは、「戦略的グローバル・パートナーシップ」と位置付けているインドのモディ政権である。モディ首相は2014年に、インドとASEANの会議で、「アクト・イースト政策」を発表している。モディ政権の狙いは、1990年に始まった「ルック・イースト」をさらに踏み込み、東アジア諸国との経済・戦略関係を深め、中国に対する抑止を強化することだった。

モディ政権に警戒感を与えているのは、インドのシーレーンを締め付ける中国の「真珠の首飾り」戦略や、これに経済関係を付加した「一帯一路」だった。インド洋周辺都市では、中国政府や国有企業による長期租借が進んで沿岸国を刺激している。中国はパキスタンのグワダル港を40年間、オーストラリア北部ダーウィン港も99年間、モルディブの国際空港近くの島を50年間、スリランカ最大の都市コロンボで沿岸を99年間保有する契約を結んだ。当初は商業目的でも、やがて軍事目的に使われることになるのは明らかだった。

2016年11月にインドのモディ首相が来日した際は、「インド太平洋戦略」を具体化することで日印が一致した。

安倍首相はさらに、アメリカ、オーストラリア、インドとの4カ国協力(クアッド)を推し進めて、「インド太平洋戦略」の核に据えた。2017年からクアッドの局長級協議が断続的に開かれ、2019年にはニューヨークで初めての外相同士による協議が開催された。キングス・カレッジ・ロンドンのハーシュ・パント教授は、クアッドについて「対中国包囲網づくり」と指摘した。

日本はまた、米中が関与しないところで、TPP参加11カ国での新協定案の合意を働きかけて成功させた。誰もがアメリカのTPP離脱によって、中国が多国間協定の空白を埋めると考えていたが、TPPは形を変えて生き残ることになった。安倍首相がトランプ大統領を突き動かし、その一方で、「日米豪印」や「TPP11」をまとめあげた独自外交は、中国を慌てさせ、日本の存在感を大いに高める結果となった。

ケナンの復活

アメリカの対中政策を振り返れば、40年近くにわたって中国が「責任ある利害関係者」になることを期待してきた。中国の経済的な発展が中間所得層を生み出し、おのずから国際協調の路線に向かうとの楽観的な見通しだった。しかし、習近平体制はますます一党独裁政治へと逆走し、南シナ海を軍事拠点化したうえ、台湾を含め「核心的利益」のためには武力行使も辞さない構えを示している。もはや、アメリカが関与して民主化を達成させることは不可能だ。

第4章の冒頭でもふれたが、2014年1月のアメリカの有力誌『ニューヨーカー』で、オバマ大統領は「私はいま、ジョージ・ケナンのような人物を必要としていない」と語り、封じ込めの考え方を否定してみせた。それはこれまでの対中政策の柱となった「関与政策」を維持する姿勢を示すものだった。

ケナンはソ連を崩壊に導いた「対ソ冷戦」戦略の生みの親である。第2次大戦終結後の1946年2月、ケナンがモスクワのアメリカ大使館から送った公電は、摩擦の原因はアメリカとソ連の誤解からくる違いではなく、それに内在する伝統的な拡張主義と共産主義イデオロギーによるものだと力説した。国務省政策企画局長になるケナンは、やがてソ連との対決理論「封じ込め戦略」を打ち出す。1947年、外交誌『フォーリン・アフェアーズ』に、筆者「X」として「ソ連の行動の源泉」という論文を書いて、アメリカ国民に対ソ封じ込めの覚悟を訴えた。

ケナンはこの中で、ソ連の外交活動を「秘密性、率直性の欠如、表裏性、猜疑《さいぎ》心、敵対性」

にあると指摘し、「党の一定の方針が定められると、外交機関をふくめた全政府機関がねじを巻かれ、一定の方向に向けられた永続的な玩具の自動車のように定められた通路を通って情け容赦なく進んでいき、なにかどうしようもない力に遭遇して初めて停止する」と述べている。

そして、こう結論付けた。

「近い将来、ソヴェト政権と政治的に親交をむすび得ようなど、アメリカが期待できないのは明らかである。アメリカとしてはソ連邦を政治的分野の仲間としてではなく、ライバルだと考えてゆかねばなるまい。ソヴェトの政策が平和と安定にたいする絶対的愛を全然反映しておらず、社会主義世界と資本主義世界とが永久に幸福に共存し得るという可能性を真実にはまったく信じていないことを反映しており、むしろライバルのあらゆる影響力と力とを破壊し、弱めるように、慎重に、執拗《しつよう》に圧迫を加えることを反映していることである。

この事実とともに考慮されるべきものは、ロシアが西側世界全体と対比すれば、まだ遥かに弱い相手であること、ソヴェトの政策がきわめて柔軟性をもっていること、ソヴェトの社会がやがて自分の潜在力全体を弱めてしまうような欠陥をその内にふくんでいるように見えることである。これらのことは、それだけで、もしロシアが平和な、安定した世界の利益を侵食する徴候を示すならばどこであろうと、アメリカが、断乎たる対抗力をもってロシアに対処するための確固とした封じ込め政策を、十分な自信をもって始めることの妥当性を示すものである」

（ケナン『アメリカ外交50年（増補版）』「ソヴェトの行動の淵源」岩波書店より抜粋）

このX論文がいう「ソ連」という表記を「中国」に置き換えれば、そのままいまに通じる。

元政府高官の現代版「長文電報」

トランプ政権下で、ケナンと同じ国務省政策企画局長を務めたキロン・スキナー氏は2019年4月に行った講演で、第2次冷戦に向けた対中戦略の「X書簡」を策定中であることを明らかにした。まさに「X論文」になぞらえたものだ。

スキナー氏は米中冷戦の中で必要とされるものは「ケナンの封じ込め政策の現代版である」と述べて、米中激突を「異なる文明、異なるイデオロギーとの戦いである」と定義した。中国は天安門事件を経て共産主義イデオロギーを変質させたが、一党独裁体制とその拡張主義は今もまったく変わっていない。スキナー氏はケナンが指摘した理論を70年ぶりに蘇らせようとするものだった。

「中露両国はアメリカにとっては対等のライバルではなく、ロシアは中国に比較してグローバル競争の単なる残存者にすぎない」

「中国は我々にとって長期にわたって民主主義に立ちはだかる根本的脅威である。中国は経済的にもイデオロギー的にもライバルであるばかりか、数十年前までは予想もしなかったグローバル覇権国とみることができる」

台頭する中国を巧みに描いたスキナー氏は、それから4カ月後に国務省を去っている。彼女がこの講演で、「アメリカ史上初めて白人国家ではない相手との偉大な対決に備える」と述べたことが、人種差別的であるとの批判が関係したなどと取りざたされたが、真相は分からない。もっとも、彼女自身が黒人女性であるところから、むしろ国務省内の権力闘争にからんでいるとの説もある。いずれにしても、対中冷戦を意識した「X書簡」は、国務省から出ることはなかった。

ところが、2021年1月、対中戦略の「元政府高官」が匿名で執筆したという長い論文が米シンクタンク、「大西洋評議会」のサイトに登場した。論文「長文電報　アメリカの新しい対中戦略に向けて」と題して掲載され、くしくもスキナー氏の主張との共通項が垣間見られた。このタイトルの「The Longer Telegram」とは、ケナンがモスクワから国務省に打電した対ソ封じ込めを提案した電報にちなんでいる。

この長大な匿名論文は書き出しで、まず「21世紀にアメリカが直面するもっとも重要な課題は、習近平国家主席の下で、ますます権威主義的な中国が台頭することである」と警告している。そのうえで、民主主義に深刻な問題を突き付ける「新しい全体主義の警察国家」との闘いをアメリカだけでなく同盟国に対してもその奮起を促している。

中国は敗北の軌道にある

中国は第1次冷戦時代に、ソ連が米欧の主要国を敵に回し、「封じ込め戦略」によって共産主義体制がジワジワと腐食していったことを思い出すべきだ。あのソ連ですら1950年代にやがてはアメリカを追い越すことになると考えられていた。共産主義イデオロギーがヨーロッパに浸透し、ソ連経済が年6％近い成長だったのである。ブレジネフ時代にはなんと208個師団、550万人の通常兵力を持ち、核戦力でアメリカを追い抜き、ソ連から東欧向けの援助が3倍増となって影響力を拡大させた。

しかし、一党独裁体制の秘密主義と権力闘争、経済統計の水増しという、どこかの国とよく似た体質が基本構造を腐食させた。このソ連が1991年に崩壊したとき、もっとも衝撃を受けたのが、同じユーラシア大陸の中国共産党であった。

中国政府系シンクタンクは党から委託を受け、ただちにソ連崩壊の理由を調べ上げた。その結果、原因の多くをゴルバチョフ大統領に責任を負わせた。しかし、中国研究の第一人者である米クレアモント・マッケナ大学のミンシン・ペイ教授によれば、党指導部はそれだけでは納得がいかず、独自に3つの重要な教訓に着目した。

中国はまず、ソ連が失敗した経済の弱点を洗い出し、経済力の強化を目標とした。中国共産党はこれまでの経済成長策によって「経済の奇跡」を成し遂げた。第2に、ソ連は高コストの紛争に巻き込まれ、軍事費の重圧に苦しんだ。中国もまた、先軍主義の常として軍事費の伸びが成長率の伸びを上回る。第3に、ソ連は外国政権に資金と資源を過度に投入して経済運営に失敗している。中国も弱小国を取り込むために、習政権は経済圏構想「一帯一路」拡大のために不良債権をため込んではいまいか。

他方で中国は、国有企業に手をつけず、債務水準が重圧となり、急速な高齢化が進んで先行きの不安が大きくなる。これにトランプ政権、バイデン政権へと続く貿易戦争が重なって、成長の鈍化は避けられない。しかも、アメリカとの軍拡競争に耐えるだけの持続可能な成長モデルに欠く——とペイ教授はいう。

2025年にアメリカの国防費を抜き、少なくとも2030年代にはGDP（国内総生産）でアメリカを抜くとの予測まであった。だが、軍備は増強されても、経済の体力が続かない。新冷戦に突入すると、ソ連と同じ壊滅的な経済破綻に陥る可能性が否定できないのだ。こうした中国の台所事情から、ペイ教授は「中国とアメリカの冷戦が始まったばかりだが、中国はすでに敗北の軌道に乗っている」と断定する。

避けられないデカップリング

香港の激震を含め、中国を取り巻く近年の現象は、自由主義とそれに挑戦する中国の全体主義という2つの価値観の衝突から起きている。そしてそれは2つの経済を引き離す「デカップリング」という構造変化をもたらす。

トランプ大統領は2019年8月下旬に、「我々は中国を必要としない。率直に言って彼らなしでよい」と米中分離を大胆に宣言した。これは政権内の通商タカ派が、当初から貿易戦争を容易には終わらせず、「米中をつなぐサプライチェーンを引き裂きたい」（ピーター・ナバロ大統領補佐官）と本音を漏らしていたことに通じる。

他方、習近平主席は共産党の中央学校の挨拶《あいさつ》で、「中国の夢」を達成する障害に対し「断固たる闘争」を繰り広げると文化大革命時代のレトリックで応戦した。偏屈と傲慢《ごうまん》な指導者による激突そのままに、覇権争奪の経済ブロック化を覚悟しなければならない時代を迎えようとしている。

米中貿易戦争が長引けば特定品目の貿易赤字を飛び越え、2大経済圏のデカップリングは避けられない。中国進出の日本企業でさえ、その4割が現地売上高の半分以上を輸出に振り向けており、その多くが対米輸出という実態がある。貿易戦争は、そうした進出企業のサプライチェーンが断ち切られるから、生産をベトナムやタイに移さなければならなくなる。

もはや国際社会は中国を世界の工場として「集中生産」する時代ではなくなり、経済と安全保障が絡み合うリスク回避の「分散生産」という世界に踏み込んだ。互いを悪の枢軸に見立てて、「我ら」と「彼ら」に分離していくのだ。

「大西洋評議会」のフレデリック・ケンペ会長によると、2019年にアブダビで開催された世界エネルギー会議の参加者は、米中貿易戦争による成長の減速を議論するより、むしろ世界経済のデカップリングが避けられなくなることに焦点を当てていた。

アメリカは世界でもっとも急成長するLNG（液化天然ガス）の輸出国であっても、もっとも急成長するLNG輸入国である中国には売らない。中国が先端産業に不可欠なレアアース（希土類）採掘量で世界の7割を占めていても、アメリカはオーストラリア企業と組んでアメリカにレアアースの精製工場を建設する。

ケンペ氏は、デカップリングはこれらエネルギー市場から、さらに航空、自動車、金融、農産物や半導体に至るまで、すべての経済部門に及ぶことになると述べた。

後戻りできないサプライチェーン（供給網）の切り崩しはすでに始まっている。アメリカ供給管理協会の調査では、アメリカ企業の4分の3が、中国国内のサプライチェーンが途絶したという。

日米当局は2019年秋から、供給網を再構築する検討を行ってきた。その延長で安倍首相は4月、武漢ウイルスの緊急経済対策に、日本企業が生産拠点を中国から日本に回帰させるか、東南アジアに移す支援策として2400億円を補正予算に計上した。わずかな予算でも波及効果は大きく、トランプ政権の国家経済会議のクドロー委員長も同様の措置へ踏み込んだ。独仏など主要国も、外国企業による買収の規制に動き出している。

中国はトランプ政権によってアメリカの科学技術への接近を阻止されたため、ヨーロッパの先端産業に目を向けてきた。2008年のリーマン・ショック以降、英伊独仏などで約360社の欧州企業を買収している。特にドイツに対しては、2015年に発表した「中国製造2025」戦略に沿ってドイツ企業の買収を急増させた。そして中国がまんまと先端技術を懐にした。

パンデミックで中国離れ

中国を巨大な儲《もう》け市場としか見なかったヨーロッパは、企業買収の攻勢を受けて、ようやく中国拡張主義の危険性に目覚めたようだ。そこに到来したパンデミックで中国離れが加速した。中国はウイルスを世界に伝播《でんぱ》させながら、医薬品の供給力で相手を黙らせ、粗悪品を提供してドイツなどヨーロッパ諸国に「感謝声明」を強要した。ドイツの有力政治家は「中国はヨーロッパを失った」と述べたほどだ。

一方、日本は2018年に安倍首相が訪中したのを機に、「競争から協調」へと舵《かじ》を切った。さらに武漢ウイルスとの戦いでも、安倍首相が習近平主席の国賓待遇訪日にこだわったばかりに、悪性ウイルスに対する対処が遅れてしまったと、評判が良くなかった。

しかし習主席の訪日が中止になると日本外交は「安倍が戻ってきた」（英誌エコノミスト）と言わせるほどの対外発信力を見せた。習主席「訪日延期」の発表があったときと合わせ、安倍首相は「中国依存からの脱却」をうちだして、北京を驚かせた。

安倍首相は自身が主催する「第36回未来投資会議」で、「一国依存度の高い商品については、日本に生産拠点を移す」と述べ、ASEANなどに生産拠点を多様化することを目指すと表明した。

満を持しての「ジャパン・ファースト」であったのか。日本のサプライチェーンが中国に過度に依存するリスクを回避するためには妥当な戦略であった。さらに中国からの旅行制限の強化策も発表した。日本国内では習主席訪日の呪縛が解けた証《あかし》と見たが、逆に北京は日本の「中国離れ」という疑心暗鬼を生んだ。

今回のウイルス禍で浮き彫りになったのは、日本企業はじめ外国企業の中国依存という脆弱《ぜいじゃく》性だった。アメリカ、ヨーロッパ、そして日本が中国に対して背を向けることになったのは当然である。中国の共産党支配の正当性を支えているのは、イデオロギーやナショナリズムではなく、人民の懐を豊かにする経済成長だ。外国企業が中国から撤退し、投資の流れが逆流してしまえば、中国は「世界の工場」でなくなってしまう。中国抜きのサプライチェーンが世界規模で構築されれば、中国経済の痛手は回復できないだろう。それこそ習近平政権がもっとも恐れている事態だ。

ただし、日本の政界、財界の親中派は「抵抗」を緩めない。注目されるのは、本気で日本がサプライチェーンの再構築を本格化させられるかどうかだ。「日本回帰」を謳《うた》いながら、腰砕けになっては話にならない。アメリカは今後も中国と熾烈《しれつ》な覇権争いを展開していくはずだ。ホワイトハウスの元中国担当官は「これは地政学の逆襲だ」と対決姿勢を緩めていない。サプライチェーンの再構築が行動に示されなければ、中国が息を吹き返し、元の木阿弥《もくあみ》になってしまう。

デジタル覇権をつぶせ

いつの時代の貿易戦争も、おおむね先端技術の覇権競争に根差している。19世紀英国のパクス・ブリタニカも、20世紀米国のパクス・アメリカーナも、時代の先端産業を制してそれぞれに覇権を握った。米中貿易戦争もまた、経済分野を超えて21世紀の支配権をどちらが握るかをめぐる露骨な戦いなのである。強力な新技術が全体主義の手の中に落ちてしまえば、彼らの統制手段の効率を助けることになり、日米欧の開かれた社会にとっては、安全保障上の致命的な危険をもたらす。

習政権の産業政策は、ドイツの「ハイテク戦略2020」構想とその行動計画「インダストリ4・0」をマネして、2025年までに「ハイテク強国」になる目標を掲げた。まずは、進出企業から先端技術を強制的に移転させ、外国企業を買収して合法的に技術を導入する。そのためには知的財産権の侵害も辞さない。さらに、サイバー攻撃で技術を獲得し、それも不可能ならスパイ活動で盗み出しては「初の国産」を吹聴する。米欧ではすでに、中国人スパイが身柄拘束されてその活動が明らかになっている。

特に第5世代（5G）移動通信システムは、高速、大容量であるだけでなく、大量接続、低遅延が期待され、新たな地政学的リスクの上昇にも関連してくる。サイバー空間で5Gを制する者は、経済効果だけでなく、安全保障上でも優位に立てる。習政権にとっては、アメリカの〝覇権つぶし〟に対抗できる唯一最大の技術分野なのだ。

港湾や道路のインフラ整備で勢力圏の拡大を図るだけでなく、「一帯一路」に5G通信ネットワークをかぶせ、「デジタル・シルクロード」として活用する。「一帯一路」の沿線国に対する5G通信ネットワークの構築は、スマホ決済など電子商取引で中国主導のデジタル化経済を確立することになる。

「一帯一路」の沿線国は、中国による高利のインフラ投資である「債務の罠（わな）」を警戒しつつ、同時にコストの低い中国の5G通信ネットワークに依存する「5Gの罠」にはまることにもなりかねない。中国はこれらの国々からビッグデータを獲得することが可能になり、統制可能な「デジタル覇権」を打ち立てることができるのだ。

新アメリカ安全保障センターのエルサ・カニア研究員によると、中国の習近平政権は「軍民融合」であるところから、経済圏の確立はそのまま勢力圏の拡大につながるという。戦時になれば、瞬時に指揮・統制が可能になり、デジタル・シルクロードの沿線国は、すべての情報が中国に制御されることになる。5Gネットワークにつながると、100機のドローンが敵の艦艇を同時に爆撃ができ、原子力潜水艦は指揮官がいないまま移動が可能になる。だからこそ5Gをめぐる米中の覇権戦争は譲歩の余地がまったくなくなるのである。

いまや世界は、「アメリカ5G」と「中国5G」とで二分されつつある。アジア諸国ばかりか、ヨーロッパ諸国がコスト安につられて、華為技術（ファーウェイ）の通信インフラを受け入れれば、膨大なデータ制御で経済と軍事も中国に左右されかねない。

アメリカはファーウェイ製品に情報を無許可で送信するバックドア（不正侵入の入り口）が仕組まれていると主張し、ファーウェイなど中国5社からアメリカ政府機関が製品を調達するのを2019年7月から禁じ、5社の製品を使う企業との取引も打ち切った。たとえバックドアがなくとも、2017年施行の国家情報法によって国外のすべての中国人は組織と個人を問わず、当局の求めに応じて情報を提供するよう義務付けられている。

ファーウェイ5Gの排除に、機密情報を共有する「ファイブ・アイズ」（米、豪、英、カナダ、ニュージーランド）は当初、足並みの乱れも露呈したが、最終的に一致した。EUの行政機関、ヨーロッパ委員会も、貿易や技術開発で「中国は競争相手」とする戦略見解を発表して、結束を呼び掛けた。とりわけ、中国5G戦略分野への使用は「EU安保への危険を招く懸念がある」と述べたのは、ヨーロッパの分裂を戒めている点で意味は大きい。

日本が知略を描く番だ

アメリカはパンデミック危機をきっかけとして、中国の欺瞞《ぎまん》と挑発という行動に対し、再び力を結集している。大国間の戦略的競争があるかぎり、同盟国との連携強化は必須である。台湾有事に際しても、日本など同盟国の前方展開基地から迅速な展開が可能で、低コスト、かつ抑止力は強力だ。すでに海兵隊は、戦車や榴弾砲《りゅうだんほう》を削減し、対艦ミサイルの強化や小型艦で島《とう》嶼《しょ》部を飛び回る機動力強化に動いている。

コロナ危機に疲弊したアメリカ社会が、人種や貧富の格差によって国家が分断され、白人警察官による黒人暴行事件をきっかけに、一気に不満を爆発させ、国民の結束が揺らいだことは極めて深刻だった。特にトランプ大統領がデモ鎮圧に軍投入の構えを示し、現職や前国防長官、軍元幹部から一斉に反発を受けたことは、アメリカ大統領と軍とのきしみをみせ、中国を強気にし、周辺国への軍事力行使のきっかけを与えかねない懸念さえ生じた。

辞任したジェームズ・マティス元国防長官が2020年6月、米誌『アトランティック』への寄稿で、トランプ大統領を痛烈に批判したことが、それを象徴していた。海兵隊大将だったマティス氏にとって、軍は仮に分断された国家であっても、政治的な中立を保つことが何よりも優先された。マティス氏は、ノルマンディー上陸作戦のエピソードを引いて次のように述べた。

「アメリカ軍を撃破すべく待ち構えていたナチス・ドイツのスローガンは、〝奴らを分断させろ〟だった。対するアメリカ軍は〝団結こそが力だ〟としてナチスを打ち破った」

国難に対するアメリカの強さは、大統領の下に結集するアメリカ人気質であり、自由世界のリーダーとして同盟国を結束させることである。ポンペオ国務長官は2020年7月の演説で、「世界各国が自由と専制のどちらかを選択するかの問題だ」と述べ、民主主義国家が中国共産党に対抗して新たな同盟を構築すべきであることを宣言した。このアメリカの決意は、政権交代の有無にかかわらず変わることはない。

対中抑止の最前線にある日本は、今回のコロナ危機で「中国離れ」が顕著なヨーロッパ、東南アジアを巻き込む戦略的機会を逃すべきではない。かつて、日本政府はAPECを発案し、これをオーストラリアに提起させて国際協調のフォーラムを構築した。安倍政権もまた、「自由で開かれたインド太平洋」戦略を考案し、ティラーソン国務長官がその推進役を買って出た。ハワイを本拠地とするアメリカ軍のアジア太平洋軍は「インド太平洋軍」に名称を変更している。

すでにアメリカ議会は、超党派で「インド太平洋抑止イニシアティブ」との新たな安全保障の枠組みを含む法案を成立させている。アメリカがロシアに対抗するため、ヨーロッパに特化した予算計上のように、中国に特化した国防予算として、インド太平洋軍に年間60億ドル以上投じるよう、国防総省に義務づけた。

経済面では米欧を説得して「TPPプラス」として再構築することが可能だ。すでにイギリスが、TPP入りを具体化させた。安全保障面では「インド太平洋戦略」の核である日米豪印4カ国戦略対話（クアッド）をベトナム、インドネシア、台湾、ヨーロッパなどにも拡大し、「クアッド・プラス」を構築できる立場にある。

米中激突が起きると、日本国内にはいつものように「同盟国であるアメリカと最大の貿易相手国である中国との橋渡しを」などという見せかけの善意が出てくる。彼らは、狙いも枠組みも異なるTPPとRCEP（東アジア地域包括的経済連携）を結合して、非現実的なアジア太平洋融合の枠組みを推奨する。だが、いまの米中激突は単なる貿易摩擦ではなく、地政学上の覇権争奪なのだ。長期戦を覚悟しなければならない。大国が演じる「いかがわしさ」よりも、平和主義の「小善意」のほうが、かえって事態を複雑にさせ、日本外交を劣化させるものであることを肝に銘じておきたい。

近年の日本は、オウム真理教による都市型テロを経験し、原子力災害をともなう東日本大震災を潜り抜け、そしていま武漢ウイルスのパンデミックに遭遇している。これらテロ、地震、疫病に立ち向かう経験をバネに、しなやかで、かつ強靭《きょうじん》な自由世界の確立に貢献すべきであろう。日本が知略を描く番である。

最終章

中国共産党の本質

——天安門事件は何を教えるか

突破口に利用された日本

冷戦末期に起きた天安門事件から30余年。日本の外務省が昨年12月23日、このタイミングで天安門事件後の対中関係を中心とした外交文書26冊、1万ページにのぼる公文書を公開した。そこには天安門事件後の閉塞《へいそく》感の打破を狙《ねら》う中国に、日本がまんまと利用されていく過程が浮き彫りにされていた。

身も凍るような天安門の虐殺事件を引き起こした中国共産党は、いまなおバリバリの全体主義国家である。1989年6月4日、中国共産党は天安門広場で起きた学生の民主化運動を「銃」と「戦車」で踏みつぶした。天安門の悲劇が教えたのは、人間は愚行を冒すということだ。しかも、一党独裁を固守する政治的人間は、愚行を冒しながら、何もなかったかのように世を欺《あざむ》き、真実を葬り去ってしまう。当時の戒厳司令部は、学生の死者を23人といい、途中から死者300人に変え、巷《ちまた》で数千人説が増えてきたところで、突然、「天安門広場の死者はゼロ」とひっくり返した。現在では犠牲者が1万人規模であるとのイギリス政府の報告が定説となった。

事件によって共産党の中枢は分裂し、政府内にも亀裂が生じた。それは人民解放軍にまで及び、何らかの行動が必要になっていた。このとき、最高実力者、鄧小平《とうしょうへい》の頭の中は、「共産党支配を守る」ことの一点に絞られていた。

最高権力者の鎮圧命令がなければ、自国民に銃口を向けることはなかったはずだ。中国共産党の軍が命令を受けたのは、市民を単に強制「排除」することではなく、銃弾による「殺戮《さつりく》」であった。多くの人々がその一部始終を目撃していた。しかし、共産党はなおもシラを切る。不幸なことは、中国がその強権体質をさらに強化していることである。

中国はいま、ちょうど天安門事件後と同じように、主要国から封じ込められたかのような閉塞感の中にある。自由、法の支配という米欧の価値観を蹂躙《じゅうりん》し、権威主義を押し付けていることが、西側主要国の反発を買ったからだ。これに対して習近平《しゅうきんぺい》指導部は、「孤立回避」への道をアジアとヨーロッパに求めた。

中国外交トップの楊潔篪《ようけつち》・中央外事弁公室主任と王毅《おうき》外相は、手分けして、シンガポール、インドネシア、日本、韓国の首脳部と会談を重ねた。とりわけ、その「突破口」と目をつけているのが、日本にほかならないだろう。

王毅外相の頭には、あの天安門事件後の閉塞感を打ち破った「成功体験」がよぎったに違いない。当時の中国共産党指導部とその官僚たちは、主要国から受けた経済制裁を破るために、日本の「天皇訪中」を狙った。ときの銭其琛《せんきしん》外相が91年6月の日中外相会談で天皇訪中を正式招請し、翌年10月に実現している。

では、日本はどのように籠絡《ろうらく》されていったのか。

銭氏は引退後に回顧録『外交十記』で、「天皇訪中が実現すれば、西側各国が科した中国指導者との交流禁止が打破できる」と狙いを語っていた。それは見事に的中し、天安門事件から3年後の1992年、天皇陛下が訪中して「一点突破」に成功し、そこから「全面展開」で制裁解除に持ち込むことができた。銭氏は天皇訪中を対中制裁の打破に「積極的な効果があった」などとうそぶいていた。蛮族が陸続きで栄枯盛衰を繰り返してきた大陸人に、島国の中で小競り合いはあっても総じて安定的な日本は、手もなくひねられるのだ。

銭外相の陰でおぜん立てを図っていたのが、当時、外務省日本課長だった現在の王毅外相である。王毅氏がこの成功体験をもって、「1989年の再現」を狙ったとしても何の不思議もない。昨年11月24日から2日間の「王毅訪日」の目的は対日懐柔であった。

しかし、日中外相会談後の記者会見で、このもくろみは頓挫《とんざ》した。尖閣諸島に対する見解で、王毅外相が「正体不明の漁船が釣魚島（尖閣諸島）の敏感な海域に入ってくる。中国側は必要な反応を取らざるを得ない」との発言が、日本国内で猛反発を浴びた。本来の目的を成就できなかったのは、沖縄県の尖閣諸島奪取の動きを正当化しようとする彼の身から出た錆《さび》である。

王毅の成功体験

王毅日本課長の成功体験がどのように進んだかは、今回の解禁文書によってそのいくつかが明らかになった。当時、西側諸国は中国から一斉に引き揚げ、対中経済制裁に踏み切った。とたんに中国は経済危機に陥り、予算計上ができない状態に追い込まれた。しかし、当時まだ親中派の多かった日本は、米欧とは異なる動きに出る。

日本政府は天安門事件の発生当日から、中国を孤立させることは得策ではないと判断していた。6月4日付の「中国情勢に対する我が国の立場」と題する1枚紙の文書では、人道的見地から容認できないとしながらも、「我々とは政治社会体制及び価値観を異にする中国の国内問題」だと距離を置き、挙句に、「制裁措置等を共同して採ることには、日本は反対」するなどと、米欧とは一線を画した。

宇野宗佑《うのそうすけ》首相にあっては5日の所信表明演説の中で、事件に一切言及せず、自民党の危機管理対策議連の会合でも、出席議員から「極楽とんぼ的だ」との批判が出た程度にすぎなかった。

17日付の解禁文書は、北京から一時帰国した中国公使が政府高官や自民党幹部に報告した際のやり取りが記されていた。ときの橋本龍太郎《はしもとりゅうたろう》幹事長は「日本が欧米諸国と同一歩調を取れないのは当然だ」と述べている。それどころか、塩川正十郎《しおかわまさじゅうろう》官房長官は「日本にも亡命を求める中国人が出てくれば厄介、中国側に警備方要請してはどうか」と、中国に気兼ねを示した。

そして22日付の首相への説明用文書では、日本の民主主義、人権という価値観と、中国の改革・開放政策を支持するとの「2つの相反する側面の調整」から、結論として「長期的・大局的見地の重視」から改革・開放を支持して極力制裁を回避する方向に導いた。民主派を弾圧した李鵬《りほう》首相ら強硬派党幹部が新政権を握った以上、これまでの改革・開放路線が元通りになるなどと考えたのは、明らかな判断ミスであった。

G7サミット（先進国首脳会議）を10日後に控えた7月6日の首相官邸では、自民党親中派や外務省チャイナ・スクール（中国研修組の媚中《びちゅう》派官僚）に吹き込まれている宇野首相が、村田《むらた》良平《りょうへい》外務次官に「中国が孤立しないよう引き戻すのが日本の役割」などと告げている。

そのG7アルシュ・サミットでは、対中関係の悪化を懸念する日本と、人権重視の米欧が「1対6」の構図でぶつかった。解禁文書には、具体的な制裁を渋る日本に、フランスが「文書に同意できないのは日本だけだ」、さらにイタリアは日本の逡巡《しゅんじゅん》を「世界的な批判を招くだろう」と突き放した。

結局のところ中国を非難し、制裁を実施する政治宣言が採択された。ただし、日本の主張を勘案して「中国の孤立を意図するものではない」と腰砕けの表現になっている。宣言の中には、閣僚などハイレベルの接触停止、武器貿易の禁止、世界銀行の新規融資停止などが含まれた。日本は辛うじてこれに賛同して第3次対中円借款を凍結している。

そうしてみると、今回、王毅外相が主要国からの圧力を受ける中で、日本を「突破口」として目を付けたのも頷《うなず》けるのだ。

一党独裁体制の護持がすべてに優先する

さて、当時の王毅日本課長らは、9月に日中友好議員連盟会長の伊東正義《いとうまさよし》元外相の訪中団を招請することによって、日本取り込みの仕上げに取り掛かる。伊東自身は天安門事件で鄧小平《とうしょうへい》ら指導部が学生らの行動を「動乱」と決めつけたことに疑問を抱いていたことから、気の重い訪中になったようだ。しかし、中国に太いパイプを持つ人物としては彼以外にはいなかった。西側からは事件後初の大型代表団となった。

江沢民《こうたくみん》共産党総書記、李鵬首相らが最大級の歓待をしたことはもちろんである。このとき、最高実力者の鄧小平は「中国は制裁を恐れない」と強硬な態度の一方で、「日本の態度は他の国、特に米国とは違う」と持ち上げた。

次の李鵬首相は妙な提案を送ってきた。それは「アメリカが友好のシグナルを送ってきている」と述べる一方で、「西側の対中封鎖を打破するのに、日本は大きな役割を果たせる」とボールを投げてきた。この言葉で、期待した改革・開放が元通りにならないことに気づくべきだったが、代表団は彼らの甘言に惑わされていた。

中国外交は、自国に都合よく誘導するため2つの国を競わせる詐術《さじゅつ》を使う。実際にこのときのブッシュ（父）米政権は、対中経済制裁の一方で、G7で「高官の接触禁止」を合意した翌日にはスコウクロフト大統領補佐官を秘密裏に北京に派遣している。中国は日米双方にエサを撒《ま》いていたことになる。

ちょうど同じころ、中国はひそかに日本の財界人を抱き込む工作をしていた。李鵬首相は、日本が中国への第3次円借款供与を事実上凍結した対応策として、経団連の斎藤英四郎《さいとうえいしろう》会長を最高顧問とする日中経済協会訪中団に対して、「公表せずに作業を始めたらどうか」と政府を揺さぶっていた。ニンジンをぶら下げられた代表団は帰国後、中山太郎《なかやまたろう》外相に「いま動けば将来10倍、100倍得るものがあろう」などと持ち掛けているから、中国共産党に手もなくひねられている。

この訪中団と会談した鄧小平氏が、天安門事件について言及し、「人権が重いか、国権が重いか」と自問したうえで、「国権は独立、主権、尊厳にかかわる。これがすべてを圧倒する」と述べた言葉が、党指導部の考え方をストレートに表現していた。一党独裁体制を守ることがすべてに優先していたのだ。

王毅課長らは伊東訪中団を糸口に「一点突破」が成功すると、続いて天皇訪中を実現すべく「全面展開」を図る。翌1990年11月に「即位の礼」に参列のために来日した呉学謙《ごがくけん》副首相が海部俊樹《かいふとしき》首相と会談した際に、天皇に即位された上皇さまに訪中を直接招請したと伝えたことを解禁文書は明らかにしている。

同年11月13日の公電によると、呉氏は即位の礼のあった12日に当時の天皇、皇后と会見し、楊尚昆《ようしょうこん》国家主席のメッセージとして「都合の良い時期に両陛下にご訪中いただきたいと伝えた」と説明した。公電余白には、わざわざ中国側との折衝で天皇訪中招請の発言に関し、「外部に出さないことで了解が成立しているので念のため」と注意書きもあった。

渡部昇一氏の慧眼

これが中国による日本籠絡の手口である。日本にとっては、二度と「過去の轍《てつ》」を踏まないための重要な教訓になりうる。1989年11月にベルリンの壁が崩壊すると、東欧諸国が次々にソ連共産党のくびきから離れていった。当然ながら、天安門事件後の中国が主要国からの経済制裁で苦境に陥り、一党独裁体制が揺らぎかねない事態になった。そんな瀕死《ひんし》の中国共産党を救ったのが日本なのであった。

とりわけ、自民党の親中派政治家と外務官僚が、一党独裁国家による残虐な愚行から目を背けてしまった。米欧の対中制裁に対し、中国の「孤立を回避するため」との大義名分で穏便に済ませようとする日本外交の過誤であった。これにより中国共産党が息を吹き返し、再生するきっかけをつくってしまったのだ。

天安門事件後、民主化運動の指導者たちは、多くが亡命し、残った知識人は恐怖のうちに民族主義に帰依した。しかし、事件から30年が過ぎても、共産党や政府を批判すれば、公安機関や軍の暴力によってひねりつぶされるという世界に住んでいる。

天安門事件は西側諸国が中国に抱くイメージを大きく変えていった。アメリカは一時、門戸を開いた中国と手を結べるものと考えていたが、中国好きのアメリカ人といえども、その失望は大きい。太平洋の同盟国としての日本の重要性は、いやが上にも高まっていく。

天安門事件後の9月に来日したイギリスのサッチャー首相の対中観は、中国共産党と西側の価値観がなぜ受け入れられないかを示す言葉を残していた。今回の解禁文書によると、彼女は天安門の弾圧から500万住民を抱える香港返還の行方を憂慮していることを中山太郎外相に語っていた。サッチャー氏は日本の財界との昼食会でも中国が持つ統治体質を見抜いていた。

「経済改革だけで政治改革をやらないで済むという中国指導者の全体主義的な力で抑える方法はうまくいかない」

その懸念は、習近平政権による香港弾圧で30年後に現実化する。サッチャー首相の考え方について上智大学教授だった渡部昇一《わたなべしょういち》氏は当時の雑誌『正論』ですでに、日本人の中国幻想を戒めていた。彼女が首相就任前に中国を訪問した際のエピソードに言及し、会談した中国首脳から「中国の共産主義はソ連の共産主義と違って、実に素晴らしいのだ」と言われ、ただちに、かつ毅然《きぜん》として答えた。

「いいえ、社会主義にいい社会主義も悪い社会主義もありません。全部悪い」

こうした「自由の価値」は絶対に譲らないという原則的な姿勢が日本外交にほしい。渡部氏は「仮に社会主義でなくても、中国は似たような悪さを続けるだろうと思います。この調子で1世紀か2世紀はいくと腹をくくってつきあったほうがいいと思う」と述べていた。現在の習近平体制を見るにつけ、この渡部氏の対中観がいかに慧眼《けいがん》であったか。

日本外交「失敗の本質」を見極めよ

中国は、いまや経済力、軍事力ともアメリカに迫るほどの大国になった。しかし、中国共産党の支配構造と対外行動のパターンは、ほとんど変わっていない。

世界を震撼《しんかん》させる武漢発のパンデミック禍でも、「政治的人間」は天安門事件後と同じ愚行を繰り返している。新型コロナウイルスの発生を隠蔽《いんぺい》し、告発者を黙らせ、記者を拘束したうえ、感染症を世界に拡散させた。一方では少数民族ウイグル人に対する強制労働、香港の「一国二制度」を放逐して民主派を弾圧し、周辺国への恫喝《どうかつ》や武力行使が絶えない。

「1989年の天安門事件」と「2020年の武漢ウイルス禍」の違いは、前者の犠牲者が北京に限定されていたのに対し、後者はグローバリゼーション時代を反映して瞬《また》く間に国境を越え、ウイルス感染症を世界に拡散させたことだ。そのうえ、中国がいち早くウイルスを封じ込めたとして、一党独裁システムの優位性を声高に叫んでいるからなお悪辣《あくらつ》だ。目的はただ1つ、やはり「共産党支配」の体制護持である。

自由な社会は、開かれている分だけ正も邪も入りやすく、全体主義の誘惑に乗ってしまうと一気に崩れやすい。そこには自由、法の支配、人権を守り抜く強靭な精神が必須だし、政治と道徳の劣化は自由社会の致命傷になる。

いま、再び中国から武漢ウイルス後の外交攻勢にさらされている日本は、これら解禁文書から1989年における日本外交「失敗の本質」を見極める必要がある。菅義偉《すがよしひで》政権は二度と中国共産党に利用されない決意を、同盟国とも共有すべきであろう。

元来、天安門広場で学生デモが発生したのは、鄧小平氏の「改革開放路線」と「共産党一党独裁」の矛盾が表面化したものであったろう。経済改革と対外開放政策を推進しながら「ブルジョア自由化には反対する」との方針では、やがて壁にぶつかるのは自然の流れである。

改革開放の「開放」とは、西側への開放になる。ソ連から輸入する三流の技術では競争力にもならない。なんとしても西側から先進的な技術や機械を導入しなければならない。そのためには巨大市場を提供し、西側企業を進出させて技術移転を呼び込む必要があった。

いま、中国の宇宙開発も、元を正せばアメリカ留学組が技術を持ち帰り、ソ連からの技術と合わせて完成させたものだ。世界に散らばる優秀な中国人研究者に高額な所得で帰国を促し、その後の宇宙開発は「ソ連のコピー」と言われた。

そうした流れは、いまの習近平体制にも通じ、先端技術の窃取はますます増長して、ついにトランプ米政権の怒りを買ったのが、米中貿易戦争の本質である。ハイテク業界の有力者、李開復（カイフー・リー）氏は著書『AI超大国』で、競争が熾烈《しれつ》な世界で生き抜くためには、情け容赦のない事業活動と良心の呵責《かしゃく》なしに偽造ができることを条件に挙げている。中国は技術窃取を恥とも罪とも感じていない。

そして、中国共産党は時折、頭をもたげる民主化要求に対しては威嚇《いかく》と暴力で応じ、不満のはけ口を他に振り向けようとする。破綻《はたん》した共産党イデオロギーの代わりに、民族主義を鼓舞すれば、戦前日本の軍国主義を非難して反日に傾斜していく。底辺からわき上がる社会不満に直面した赤い支配者は、混乱を鎮《しず》める必要からナショナリズムに訴えかける。

中国は調整期に入った

一方、米国はあの「居眠りジョー」が突如めざめたように、従来の民主党路線から劇的変化の軌道を走っている。ジョー・バイデン新大統領が2月4日に国務省で行った包括的な外交演説でも、中国を「もっとも手ごわい競合国」だと勢力均衡の原則を示し、次いで「国益にかなう場合は協力する」と二段構えで対処しようとしている。

「米国第一主義」のトランプ前政権は、同盟国を無視したまま単独で中国と貿易戦争を開始した。安倍晋三《あべしんぞう》前政権は沖縄県の尖閣諸島を奪おうとする中国に、曖昧《あいまい》な対中関与政策のオバマ政権より、力でねじ伏せようとするトランプ政権が頼もしく感じられた。

これに対し、バイデン新大統領も、オバマ政権に至るまでの対中「関与政策」を捨て去り、「戦略的抑止」に切り替えている。政策タカ派で固めた外交・安保チームは、「少なくとも10年間は続く地政学的競争の中にある」（イーライ・ラトナー国防長官特別補佐官）として、中国に対する有利な「勢力均衡」を築こうとしている。

トランプ政権の政策タカ派は、中国の共産主義イデオロギーを忌避《きひ》して一党独裁の「体制崩壊」を視野に入れていた。これに対し、バイデン政権の外交・安保チームは、すでに経済大国化してしまった中国とは、勢力均衡をはかる「戦略的抑止」によって優位に立とうとする。そこで、アメリカ国内で超党派の結束をはかり、さらに同盟国を糾合して対中競争力の構築を目指している。

ただし、中国との競争政策で、バイデン大統領のいう「アメリカの繁栄や民主的な価値観への挑戦に対処する」ためには、主に2つのハードルを越えなくてはなるまい。

まずは荒れた国内の政治状況を改善し、一体感を取り戻すことが「対外関与」の前提になる。新大統領は繰り返し、「自由な国際秩序を回復させるためその先頭に立つ」と宣言するものの、アメリカ市民は必ずしも世界をリードすることを望んでいない。

2020年11月の大統領選で、「アメリカ第一主義」のトランプ氏が史上2番目の7400万票を獲得したことからも明らかで、グローバル化への反発が根強い。経済のグローバリズムは一部の勝者と多くの敗者を生み出し、職を失った労働者の不満は大きく可燃性が高い。

もう1つ、バイデン政権内には、ジョン・ケリー担当大統領特使を中心とする気候変動問題を扱う外交の別動隊が、中国と協調するオバマ時代の再来を狙う。オバマ政権が対中協力を得て「パリ協定」を締結したとき、その裏で中国はその海軍力をもって尖閣諸島や南シナ海で着実に駒を進めていた。

バイデン新政権の別動隊は「気候変動こそが安全保障」などと考えるが、日本を含むアジア各国にとっては、中国の拡張主義こそが現実の脅威なのである。外交上は「何かを頼む側」に身を置けば、交渉で中国から見返り要求を受ける。習近平政権は二酸化炭素の排出量を減らす代わりに、「あなたが中国に何をしてくれるのか話し合おう」と言い出すに違いない。

バイデン政権が「自由で開かれたインド太平洋」戦略に戻り、その核となる日米豪印安保対話（クワッド）の首脳会議に積極的に動き出したことは救いである。菅首相はバイデン大統領が対中「競合」から「協力」に軸足を移さないよう尻を叩きつつ、独自の防衛力を固めるべきであろう。全体主義国家に対しては、地政学的な「競合」に勝利しなければ、グローバルな問題で「協力」は得られない。

中国共産党は愛国主義を煽動《せんどう》して、国家の敵である日米をスケープゴートに緊張を高め、14億人を一体化させることに成功した。習主席が次に描くのは、人々を未来に向けた「中華民族の夢」へと誘うことだ。人々を豊かにするだけでは、やがて共産党の国内統治が難しくなるとの保身から出た知恵である。

冷戦後の世界は、2001年のアメリカ同時多発テロ「9・11」と2008年のリーマン・ショック後の金融危機によって、自由主義秩序が揺さぶられた。だが、2020年の武漢ウイルスによるパンデミックは、先行した2つの危機以上にグローバルな広がりをもって人類を襲った。

多くの人々を死に追いやっただけではなく、主要国に数世代に及ぶ重い債務負担を課し、自由と民主主義という価値観に一党独裁システムを持つ全体主義の亡霊が挑戦を始めた。世界を牽引《けんいん》してきたアメリカが政治の分裂から脱することができなければ、世界はユーラシアグループのイアン・ブレマー氏がいう「Gゼロ」を彷徨《さまよ》うことになる。

習主席の中華人民共和国の建国100年にあたる2049年までに、「中華民族は世界の諸民族の中に聳《そび》え立つ」とは、19世紀帝国主義の古いスローガンである。しかし、どんな国際政治システムも40年も経てば、時代は調整期間に入って歴史を動かすようだ、と京都大学教授の高坂正堯《こうさかまさたか》氏は言った。

19世紀、普仏戦争後にプロシアが勝利してヨーロッパに新しい秩序ができたが、その44年後には第1次大戦が始まった。第2次大戦が終わって44年経って起こったのが天安門事件だった。その天安門事件から30余年、世界情勢の展開が早い分だけ、習近平時代は再び調整期に入ったのではないかと思われる。

【参考文献】

本書は、筆者がこれまでに新聞や月刊誌、書籍などで発表したものに、新たに加筆して再構成した。引用及び参考にした図書・論文は以下の通り（本文中に明示したものは除く）。

『アフターコロナ――日本の宿命　世界を危機に陥れる習近平中国』湯浅博著　ワック　２０２０年
『中国が支配する世界――パクス・シニカへの未来年表』湯浅博著　飛鳥新社　２０１８年
『覇権国家の正体』湯浅博著　海竜社　２０１２年
『アメリカに未来はあるか』湯浅博著　講談社　１９９２年
『国基研紀要』創刊号　国家基本問題研究所　２０２０年
「米中覇権争いの政治経済学」（湯浅博
『湯浅博の世界読解』（産経新聞コラム）
『月刊正論』産経新聞社
「対中外交の『失敗の本質』」（２０２１年3月号）
「自由主義社会の復権につなげろ」（２０２０年6月号）
「平和の仮面をかぶった『国難来たる』」（２０２０年1月号）
「日米安保の改定で『適者生存』目指せ」（２０１９年9月号）
「『戦闘的自由主義者』たれ！」（２０１９年7月号）
「中国の戦術的〝後退〟にだまされるな」（２０１９年5月号）
「第２次冷戦が始まった『悪の帝国』とペンス・ドクトリン」（２０１８年12月号）
「南シナ海に鉄のカーテンが降ろされる」（２０１８年10月号）
「日中関係『改善』は習近平のワナ」（２０１８年7月号）
「問答無用！　独裁者たちがやってきた」（２０１８年6月号）
「誰がインド太平洋の覇者になるのか」（２０１８年1月号）いずれも湯浅博
『月刊正論』増刊号
「台湾・香港の『自由の息子たち』を支援せよ」（２０２０年1月号）湯浅博

[略歴]

湯浅 博（ゆあさ・ひろし）

国家基本問題研究所主任研究員、産経新聞客員論説委員。1948年生まれ。中央大学法学部卒。プリンストン大学公共政策大学院 Mid Career Fellow program 修了。産経新聞でワシントン支局長、シンガポール支局長、論説委員、特別記者などを経て現職。主な著書に『アフターコロナ 日本の宿命 世界を危機に陥れる習近平中国』（ワック）、『歴史に消えた参謀 吉田茂の軍事顧問　辰巳栄一』（文藝春秋）、『全体主義と闘った男　河合栄治郎』（産経新聞出版）など多数。

米中百年戦争の地政学

2021年4月14日　　　第1刷発行

著　者　湯浅 博

発行者　唐津 隆

発行所　株式会社ビジネス社

〒162-0805　東京都新宿区矢来町114番地 神楽坂高橋ビル5F
電話　03(5227)1602　FAX　03(5227)1603
http://www.business-sha.co.jp

〈装幀〉中村聡
〈本文組版〉茂呂田剛（エムアンドケイ）
〈印刷・製本〉中央精版印刷株式会社
〈営業担当〉山口健志
〈編集担当〉宇都宮尚志

ISBN978-4-8284-2270-1